Sekundarstufe

Marino Heber

Holz

Laubsägearbeiten

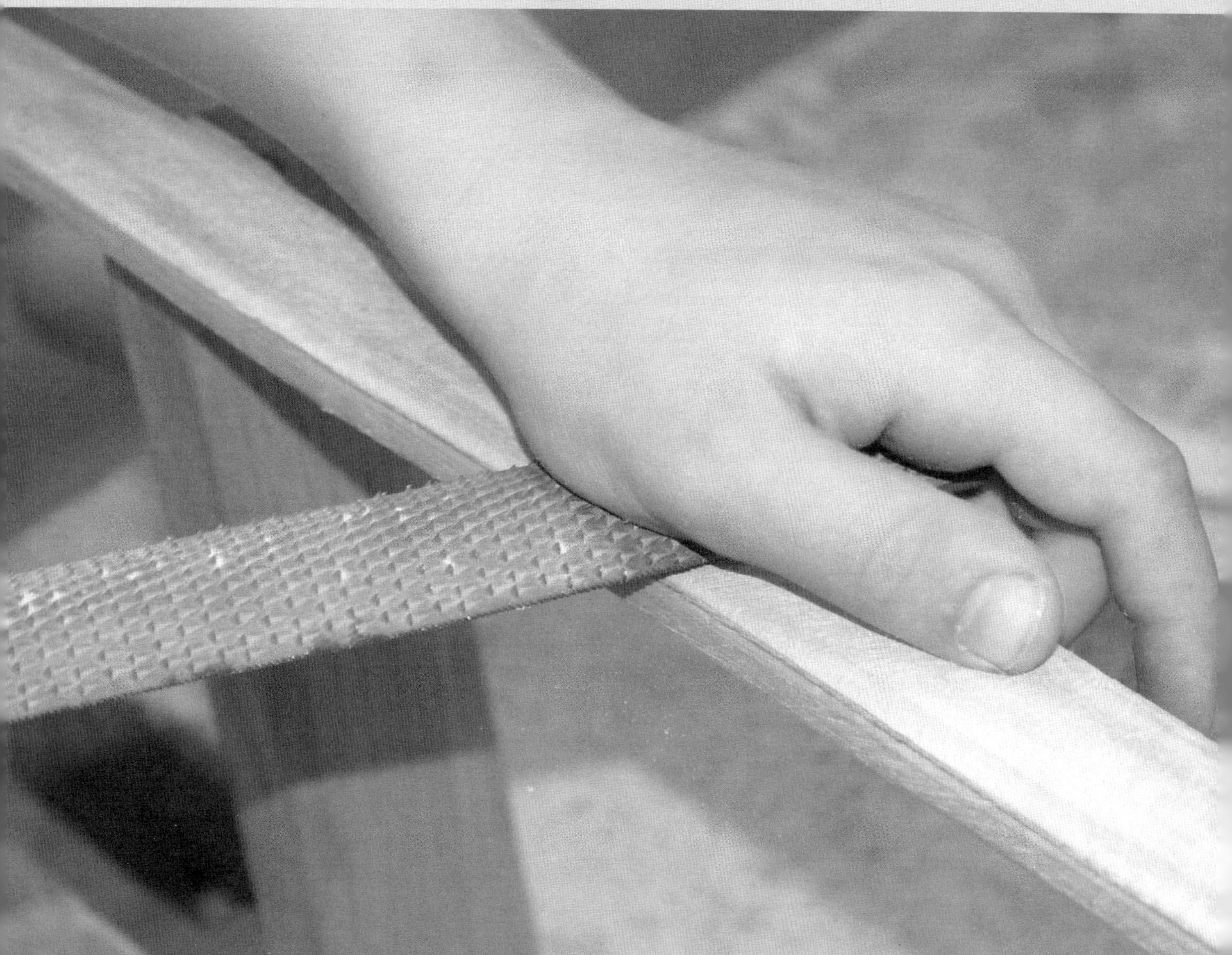

7 fertige Unterrichtsideen mit Bildern und Anleitung

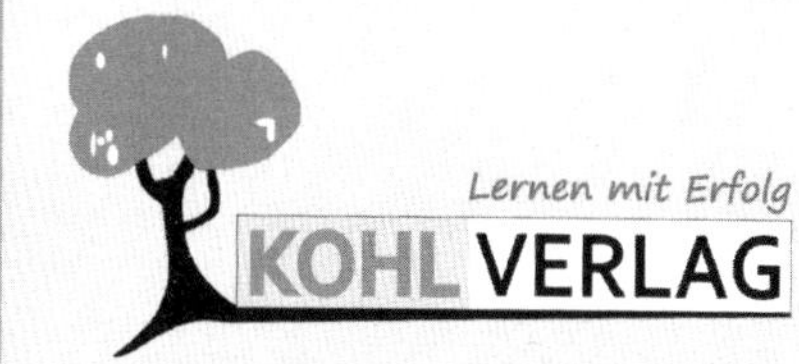

Holz – Laubsägearbeiten

7 fertige Unterrichtsideen mit Bildern und Anleitung

9. Auflage 2025

Inhalt: Marino Heber
Umschlagbilder: © Klingline & Dieter Pregizer - AdobeStock.com
Fotos und Bauanleitungen im Innenteil: Marino Heber
Illustrationen: © clipart.com
Redaktion: Kohl-Verlag
Grafik & Satz: Eva-Maria Noack & Kohl-Verlag
Druck: Elanders Druck, Waiblingen

Bestell-Nr. 11 689

ISBN: 978-3-95686-658-6

Kontakt: Kohl-Verlag, An der Brennerei 37-45, 50170 Kerpen
Tel: +49 2275 331610, Mail: info@kohlverlag.de

Inhalt / Vorwort

Seite

Liebe Kolleginnen und Kollegen,

seit meiner Kindheit beschäftige ich mich mit Laubsägearbeiten. Aus dem Hobby ist mittlerweile ein Beruf geworden. Zusammen mit meiner Frau führe ich unter anderem Tagesworkshops in Schulen und Horteinrichtungen durch.

Als Leiter einer Holzwerken-AG in einer Ganztagsschule war ich mit dem Problem konfrontiert, was mache ich mit meinen Schülern? Uralte Baupläne, die nicht mehr dem heutigen Geschmack entsprechen, wollte ich nicht anbieten. Und da wir heute im Handy-Zeitalter leben, dachte ich mir, warum nicht beides verbinden, zum Beispiel mit dem Smartphonehalter als Laubsägearbeit? Ein nützliches Zubehör wird für ein modernes Gerät auf alte Weise hergestellt.

Beim Entwerfen der Baupläne kam mir der Gedanke, warum nicht die Schüler auch selbst etwas entwickeln lassen? Es macht ihnen Spaß, verrückte Ideen zu Papier zu bringen und dann zu schauen, ob sie sich überhaupt realisieren lassen. Das fördert die Kreativität und macht stolz, wenn das Werk später fertig und gebrauchsfähig ist. Hier habe ich den Kerzenständer und Teelichthalter für solche Eigenentwicklungen vorbereitet. Natürlich gibt es für beide Teile auch erst mal Vorlagen, die gleich übernommen werden können.

Viel Freude und Erfolg beim Laubsägen und mit diesen Vorlagen wünscht Ihnen und Ihren Schülern das Kohl-Verlagsteam und

Marino Heber

HOLZ – Laubsägearbeiten
7 fertige Unterrichtsideen mit Bildern und Anleitung – Bestell-Nr. 11 689

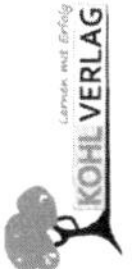

Material- und Werkzeugkunde

Als Werkzeuge benötigen Sie eine handelsübliche Laubsäge mit Auflage. Natürlich können auch Maschinen verwendet werden, sofern sie vorhanden sind.

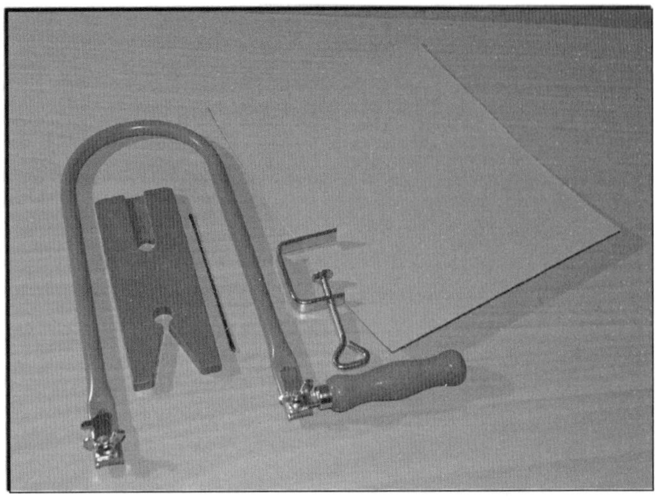

Passende Laubsägeblätter gibt es in verschiedenen Größen, je kleiner die angegebene Zahl, desto feiner sind die Zähne. Üblicherweise werden die Größen 5, 3 oder 0 verwendet.

Kleinere Zähne bedeuten einen feineren Schnitt, aber auch weniger Vorschub und erhöhte Bruchgefahr.

Zum Glätten der Werkstücke wird Schleifpapier verwendet. Dieses gibt es in verschiedenen Körnungen. Für die Sägearbeiten brauchen wir 80-er (grob), 120-er (mittel) und 180-er (fein).

Beim Kauf ist auf den richtigen Verwendungszweck zu achten, es gibt unterschiedliches Schleifpapier speziell für Metall, Holz und Farbentfernung. Die Körnungen sind auf der Rückseite aufgedruckt, sodass man auch weiß, welches gerade benutzt wird.

Für größere Flächen kann das Schleifpapier mit der rauen Seite nach oben auf den Tisch gelegt werden und das Werkstück wird in kreisenden Bewegungen abgeschliffen. Es gibt aber auch einen Schleifpapierhalter, in dem ein Stück Schleifpapier eingeklemmt wird, und dann bewegt man diesen über das Werkstück (siehe Foto Seite 18).

Eine feine Feile ist für die Steckverbindungen zu empfehlen, sie sollte aber höchstens 5 mm dick sein, sonst passt sie nicht in den Schlitz.

Holzkleber gibt es von den verschiedenen Herstellern, am meisten verbreitet sind die sogenannten Weißleime. Die wasserfesten Varianten sind haltbarer – ich verwende diese hauptsächlich.

Das Sperrholz wird aus mehreren Lagen von dünnem Holz zusammengeleimt, wobei jede Schicht um 90° gedreht ist. So bleiben die Platten relativ gerade und verbiegen sich nicht so wie Naturholz. Als Holzsorten sind Buchen-, Birken- und Pappelsperrholz weit verbreitet, alle werden in den verschiedensten Stärken hergestellt.

Die Projekte im Buch sind für 6 mm Sperrholzdicke ausgelegt. Am leichtesten lässt sich Pappelsperrholz bearbeiten. Es ist relativ weich und von der Maserung neutral.

Zur Oberflächengestaltung eignet sich am besten wasserlösliche Acrylfarbe. Dabei hat man eine große Auswahl an Herstellern und Farbtönen. Einige haben nach dem Trocknen schon einen Glanzeffekt. Bei den matten Varianten sollte man noch einen Klarlacküberzug aufbringen, auch diesen gibt es als wasserlöslichen Lack.

Zur farblosen Oberflächenbehandlung ist der Klarlack, aber auch Holzwachs oder Holzöl zu empfehlen. Hier gibt es eine große Auswahl an Sorten und Herstellern. Bitte Verarbeitungshinweise beachten! Das Lackieren erfolgt in zwei Schichten: Nach dem Trocknen des ersten Auftrages wird noch mal mit feinem Schleifpapier die Oberfläche geglättet, weil sich die Holzfasern aufgestellt haben.

Außerdem werden Malerkreppband, Holzstäbchen sowie Blaupapier, Lineal und Bleistift zum Durchpausen der Vorlagen benötigt.

HOLZ – Laubsägearbeiten
7 fertige Unterrichtsideen mit Bildern und Anleitung – Bestell-Nr. 11 689

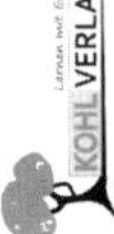

- Zuerst werden die Konturen auf das Sperrholz übertragen.
- Dafür legt man das Blaupapier mit der Schreibseite nach unten auf das Holz und dann die kopierte Vorlage obenauf. Diese kann gegen Verrutschen auch mit Klebeband fixiert werden.
- Damit die geraden Linien auch gerade bleiben, sollte ein Lineal benutzt werden.

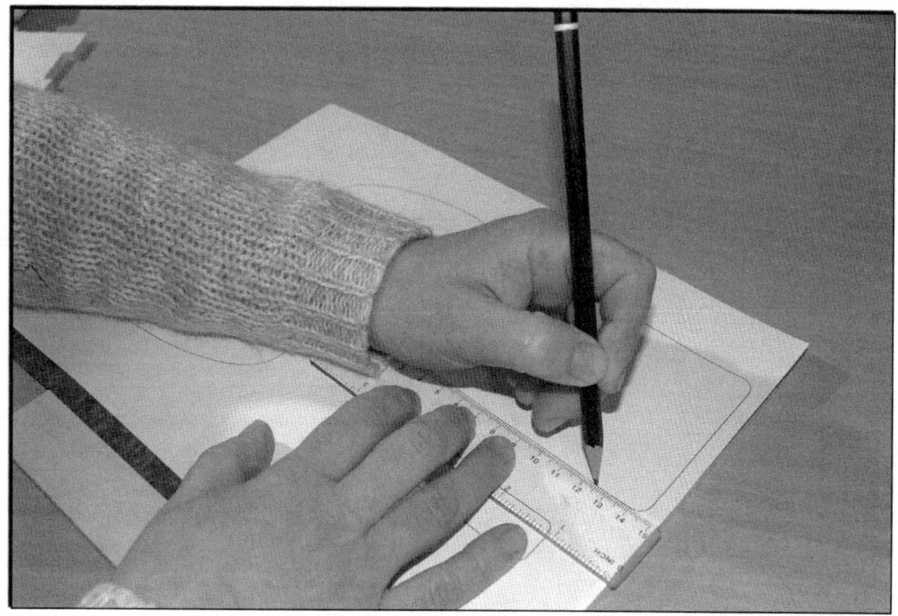

- Nach dem Aufpausen sollte es so aussehen:

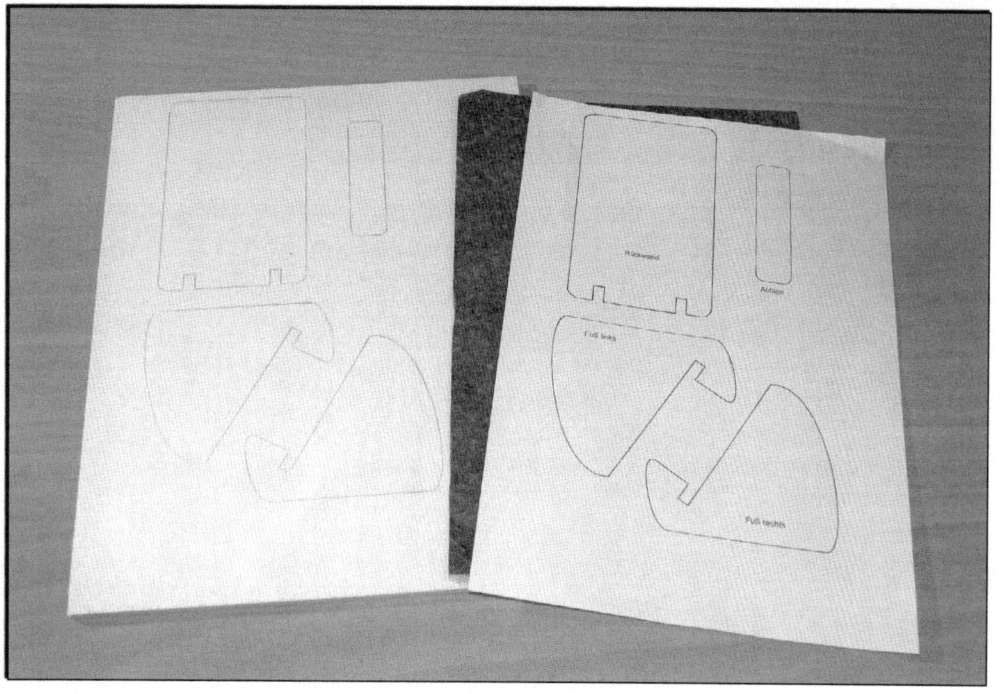

HOLZ – Laubsägearbeiten
7 fertige Unterrichtsideen mit Bildern und Anleitung – Bestell-Nr. 11 689
KOHL VERLAG

➲ Die Einzelteile werden grob aus der Platte zurechtgesägt.

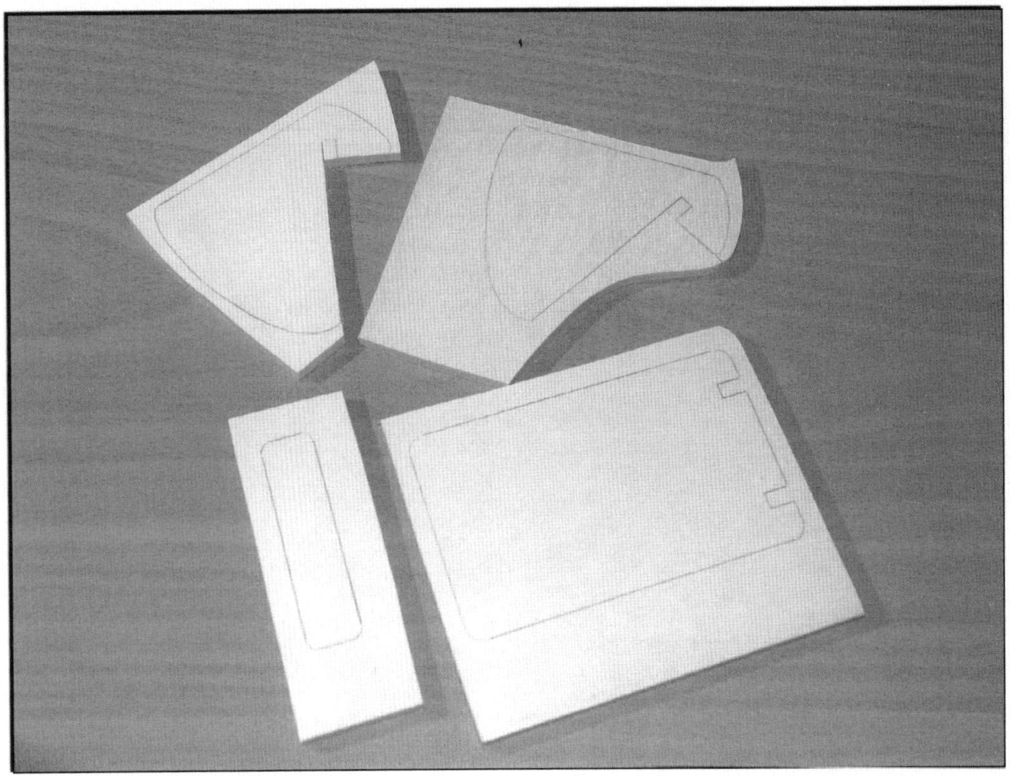

➲ Dann sind die Konturen dran. Hier sollte auf sauberen Schnitt geachtet werden, das erspart viel Nacharbeit.

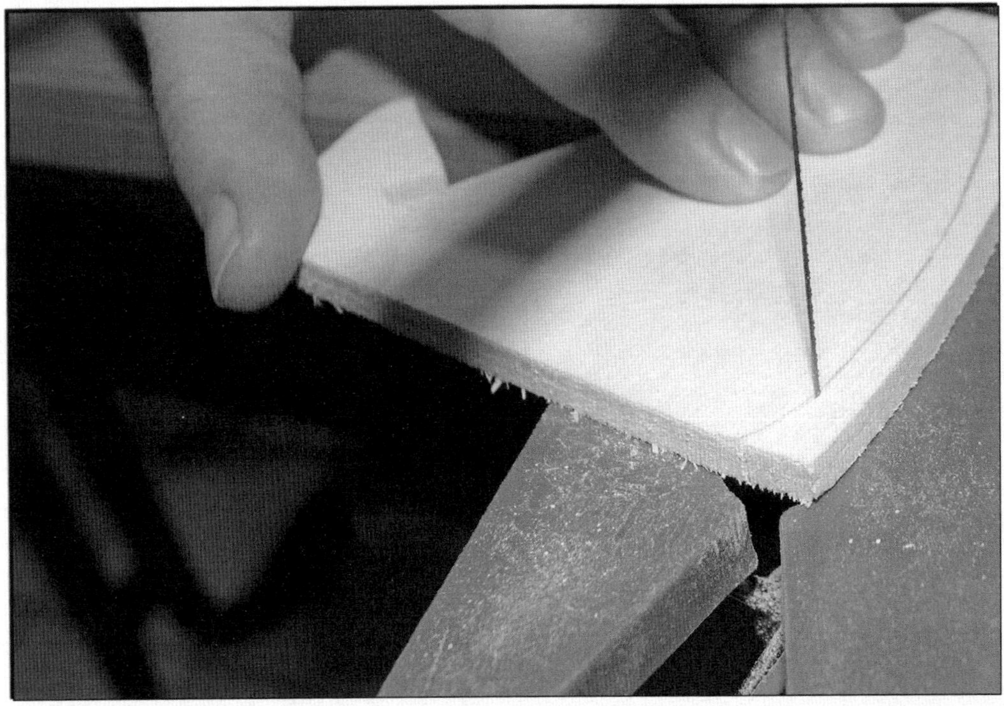

KOHL VERLAG HOLZ – Laubsägearbeiten 7 fertige Unterrichtsideen mit Bildern und Anleitung – Bestell-Nr. 11 689

➲ Die Schlitze zum Zusammenstecken können zunächst etwas enger gesägt und später mit Schleifpapier auf passende Größe geschliffen werden. Dazu wird einfach ein Stück Abfallholz zum Kontrollieren der Größe benutzt.

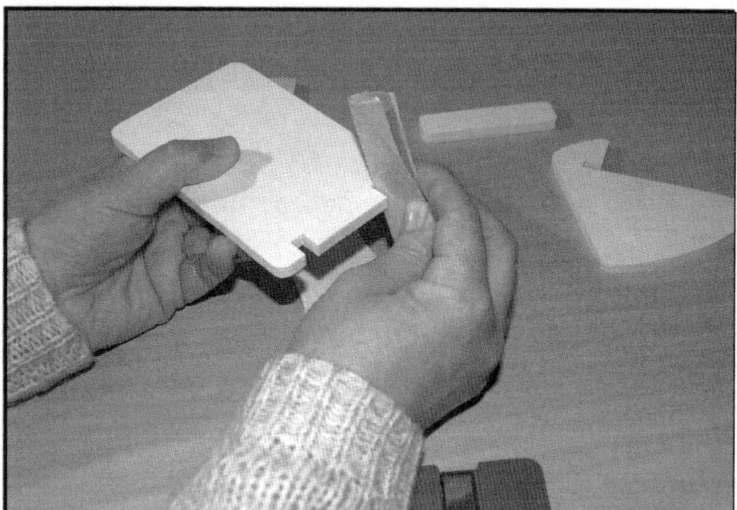

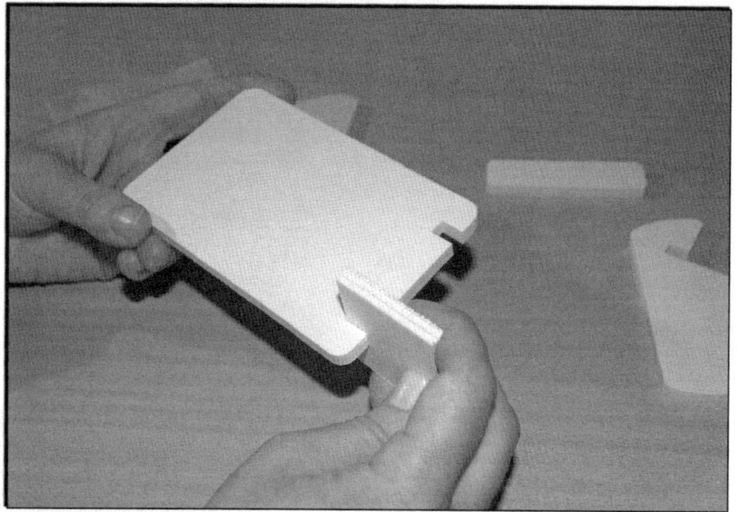

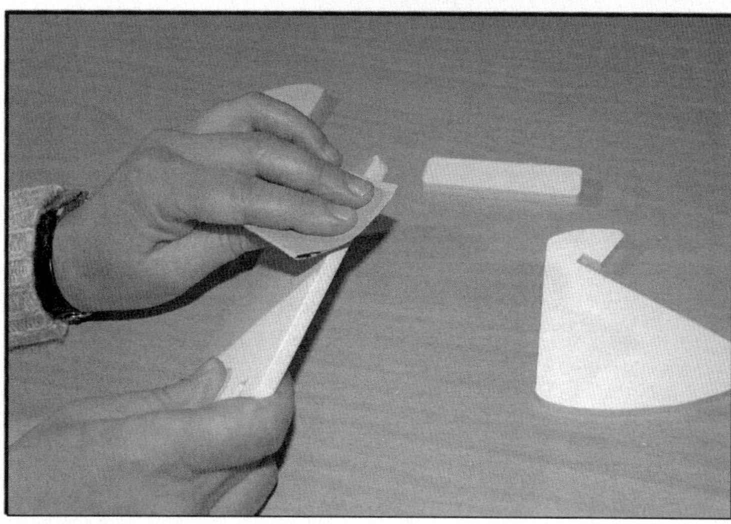

KOHL VERLAG HOLZ – Laubsägearbeiten 7 fertige Unterrichtsideen mit Bildern und Anleitung – Bestell-Nr. 11 689

- Die Einzelteile müssen jetzt noch ringsum geschliffen werden, damit der entstandene Sägegrat entfernt wird.

  Die Auflage wird mit der Seite, die zur Rückwand zeigt, plangeschliffen. Dafür wird sie mit dieser Seite auf einem Stück Schleifpapier aufgelegt und geschliffen.

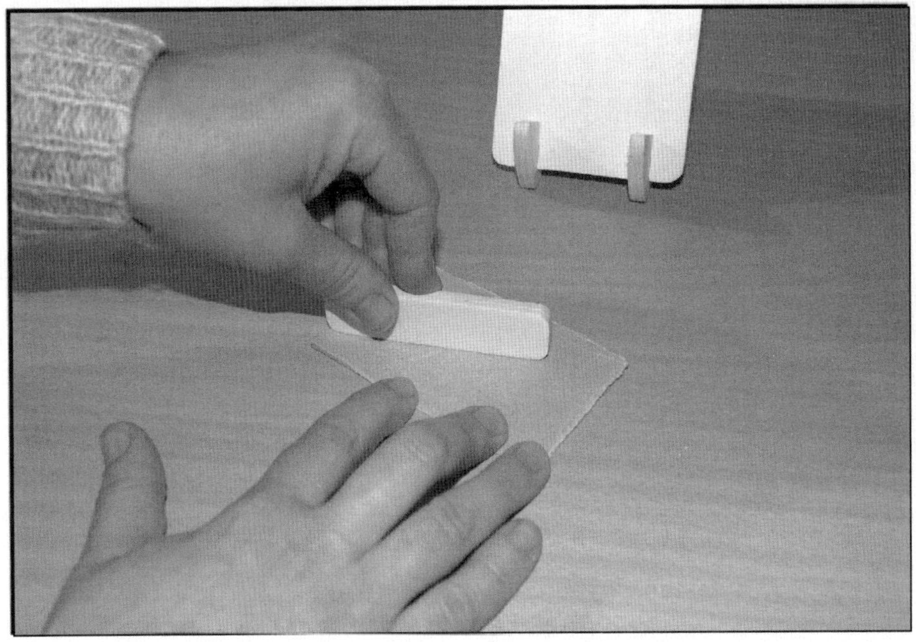

- Nach dem Schleifen wird der Ständer probeweise montiert. Wenn alles passt, kann geleimt werden.

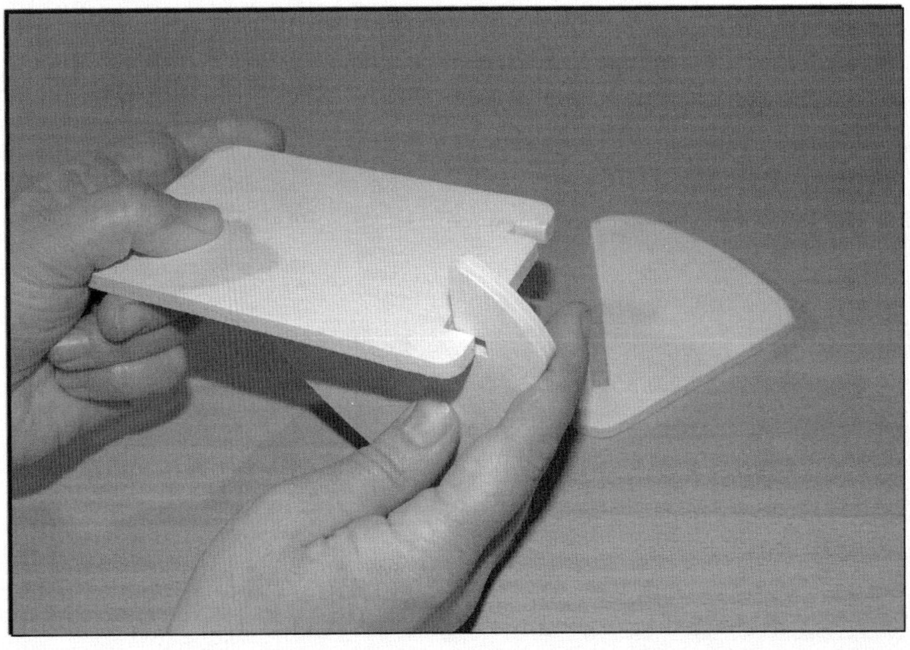

KOHL VERLAG HOLZ – Laubsägearbeiten 7 fertige Unterrichtsideen mit Bildern und Anleitung – Bestell-Nr. 11 689

➲ Dazu wird, wie auf dem Bild zu sehen, in dem Schlitz und auf der langen Seite Leim aufgebracht und zügig zusammengesteckt. Als nächstes ist noch die kleine Auflage anzuleimen.

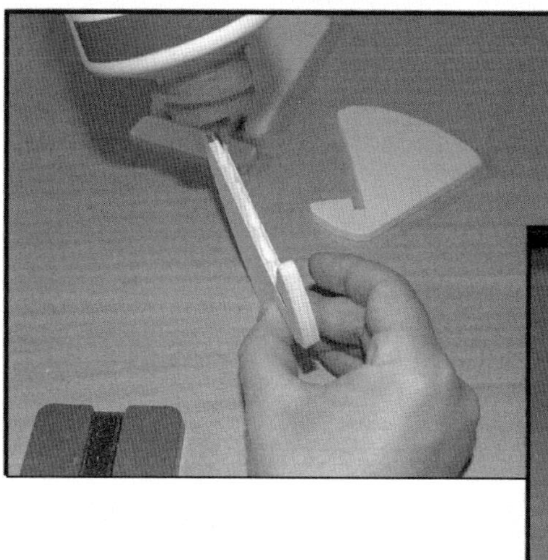

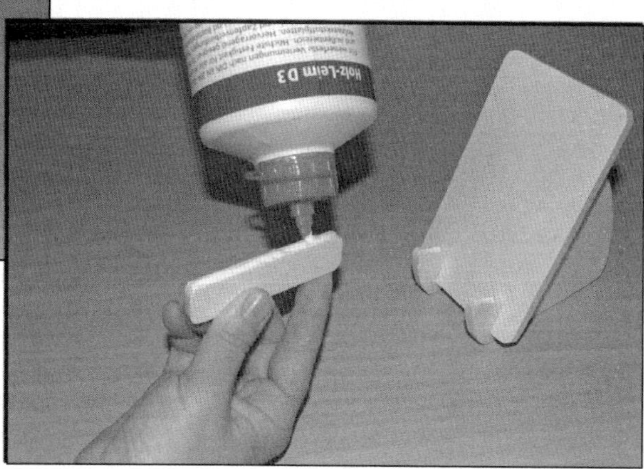

➲ Jetzt sollte der Kleber in Ruhe trocknen können, das dauert je nach Herstellerangaben unterschiedlich lang.
Beim Sägen entstehen meistens kleine Ungenauigkeiten, die zum Kippeln des Halters führen können. Um dem abzuhelfen, wird der Smartphonehalter nach dem Trocknen des Leimes auf ein großes Stück Schleifpapier aufgelegt. Die Unterseite kann dann plangeschliffen werden.

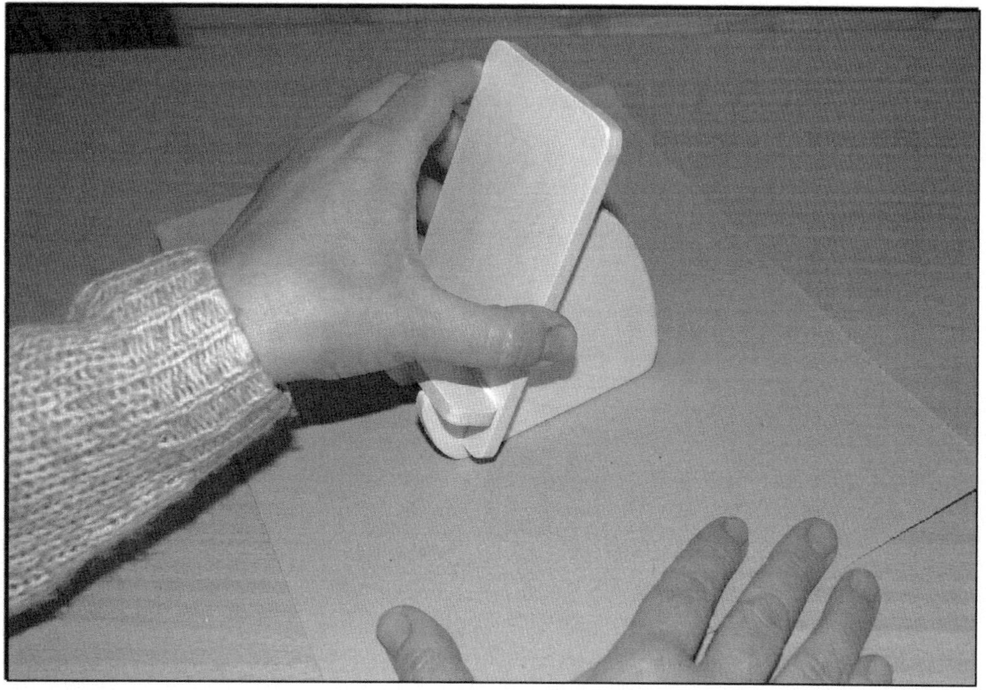

KOHL VERLAG HOLZ – Laubsägearbeiten 7 fertige Unterrichtsideen mit Bildern und Anleitung – Bestell-Nr. 11 689

➲ Der fertige Smartphonehalter:

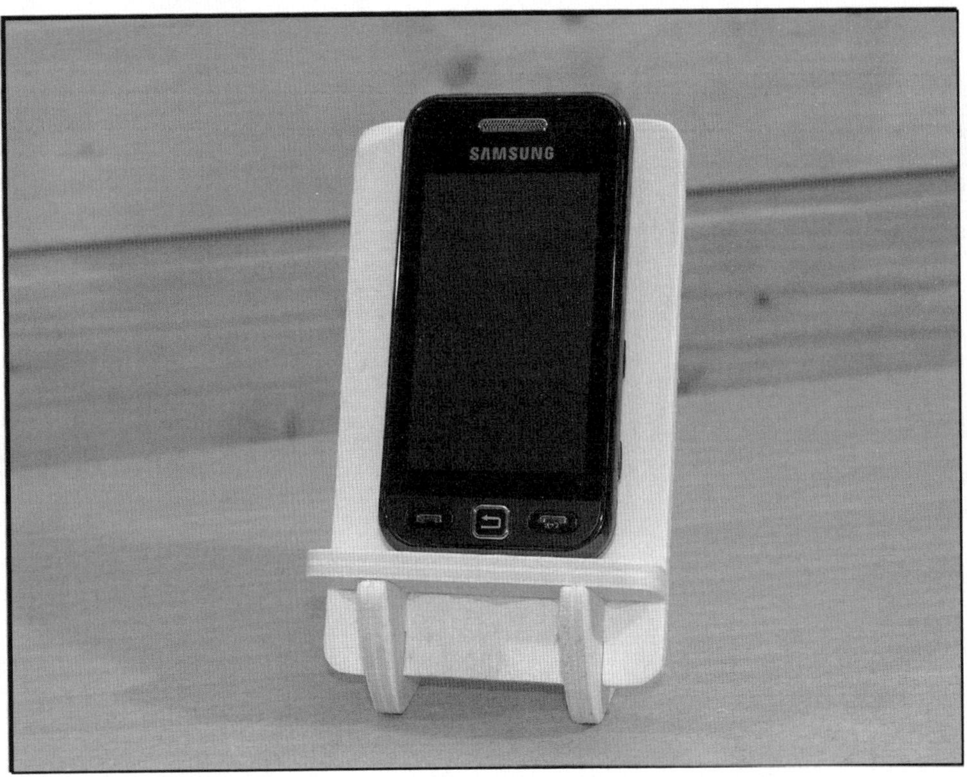

➲ Letztendlich kann der Smartphonehalter individuell gestaltet werden. Entweder er wird nur farblos lackiert oder mit Acrylfarbe zu einem Kunstwerk veredelt.

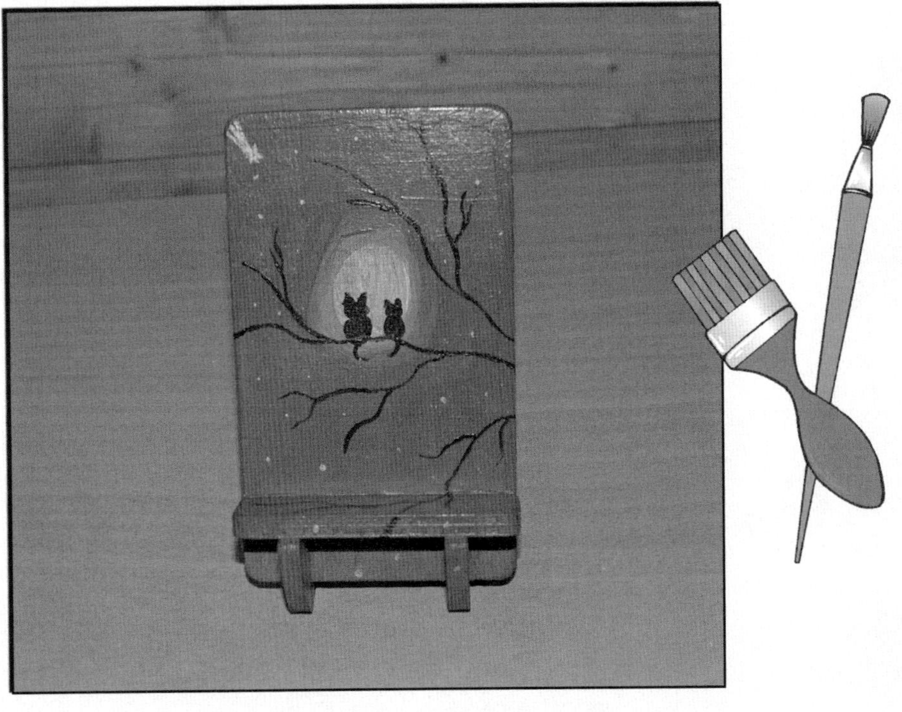

KOHL VERLAG HOLZ – Laubsägearbeiten 7 fertige Unterrichtsideen mit Bildern und Anleitung – Bestell-Nr. 11 689

1 Smartphonehalter **Bauplan**

Rückwand

Ablage

Fuß links

Fuß rechts

Der Tabletständer ist vom Aufbau her genauso wie der schon beschriebene Smartphonehalter, nur größer. Die Arbeitsschritte sind im Prinzip dieselben.

- Zuerst die Konturen auf das Sperrholz übertragen. Dafür das Blaupapier mit der Schreibseite nach unten auf das Holz und dann die kopierte Vorlage obenauf legen.
- Die Einzelteile werden grob aus der Platte zurechtgesägt.
- Dann sind die Konturen dran. Hier sollte auf sauberen Schnitt geachtet werden, das erspart viel Nacharbeit.
- Die Schlitze zum Zusammenstecken zunächst etwas enger sägen, später mit Schleifpapier auf passende Größe schleifen. Dazu ein Stück Abfallholz zum Kontrollieren der Größe benutzen.
- Die Einzelteile ringsum schleifen, damit der entstandene Sägegrat entfernt wird. Die Auflage wird mit der Seite, die zur Rückwand zeigt, plangeschliffen.
- Danach wird der Ständer probeweise montiert. Wenn alles passt, kann geleimt und zügig zusammengesteckt werden.
- Jetzt sollte der Kleber in Ruhe trocknen.
- Kleine Ungenauigkeiten planschleifen.
- Nun kann der Tabletständer individuell gestaltet werden.

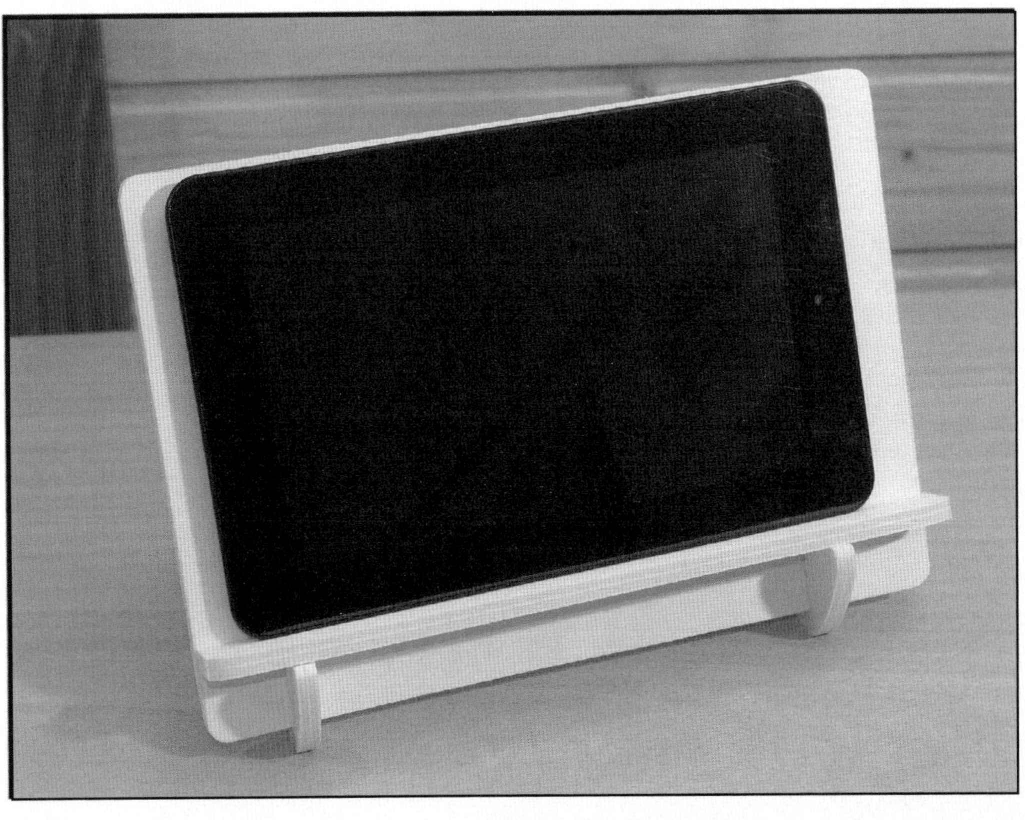

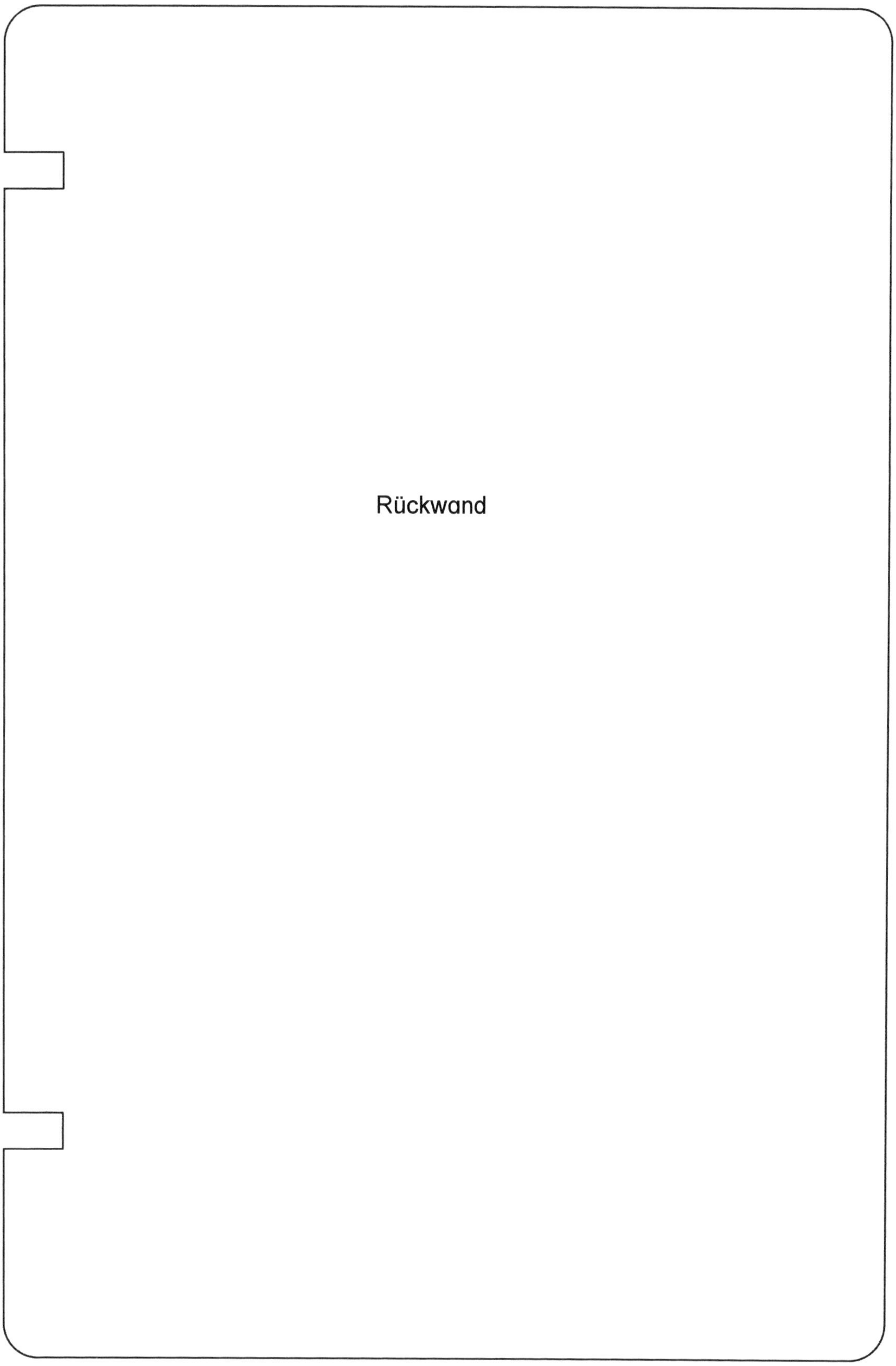

Rückwand

HOLZ – Laubsägearbeiten
7 fertige Unterrichtsideen mit Bildern und Anleitung – Bestell-Nr. 11 689

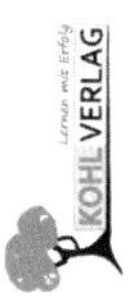

2 Tabletständer — Bauplan

Ablage

Fuß links

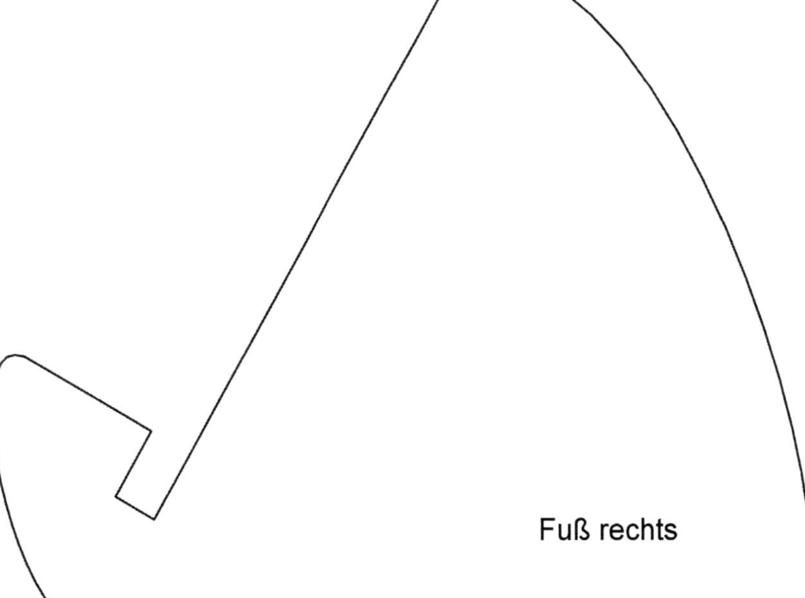

HOLZ – Laubsägearbeiten
7 fertige Unterrichtsideen mit Bildern und Anleitung – Bestell-Nr. 11 689
KOHL VERLAG

Die Taschentuchbox ist für handelsübliche Papiertaschentuchverpackungen gedacht.

Der Schlitz an der Seite ermöglicht eine leichte Entnahme der einzelnen Verpackungen.

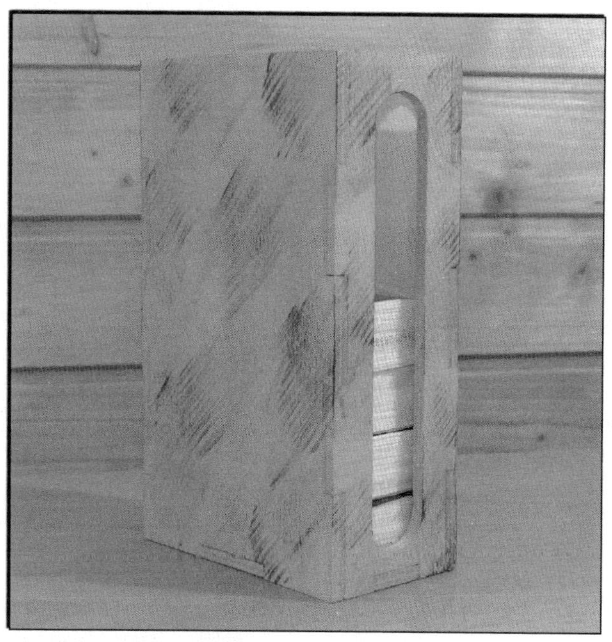

➲ Zuerst wird die Zeichnung mit Hilfe von Blaupapier auf das Holz übertragen.

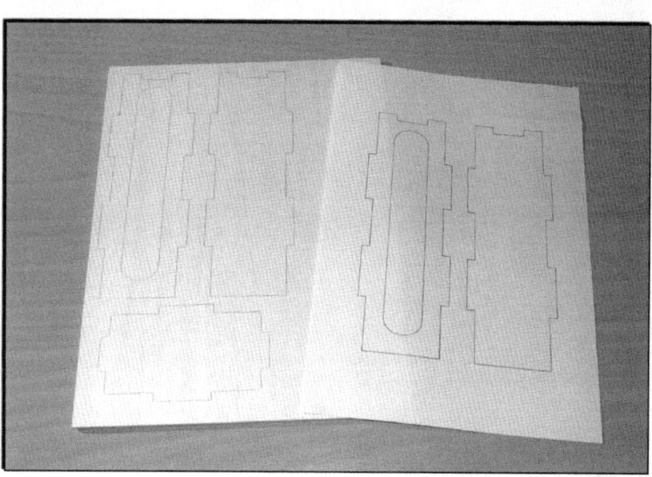

➲ Wenn die schmalen Seitenteile nahe am Rand des Sperrholzes gezeichnet sind, kann auch der Boden mit auf diesem Zuschnitt platziert werden.

➲ Das große Vorderteil muss zweimal aufgepaust werden: einmal als Vorder- und einmal als Rückseite.

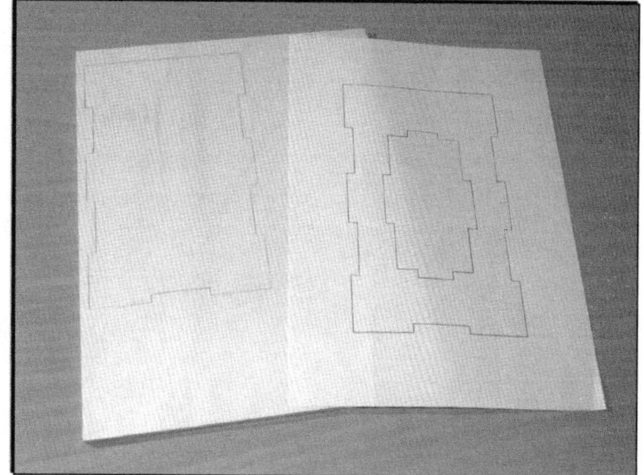

➲ Nun kann der grobe Zuschnitt erfolgen.
Wie auf den Bildern zu sehen, kann auch gleich eine Seite mit ausgesägt werden. Die Aussparungen zum Zusammenstecken werden zum Schluss gesägt.

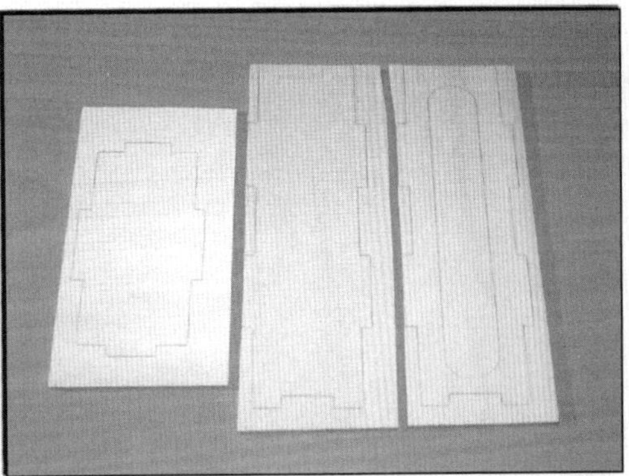

➲ Für den langen Schlitz zur Entnahme muss ein Loch mit 2–3 mm Durchmesser gebohrt werden, damit das Sägeblatt eingefädelt werden kann.

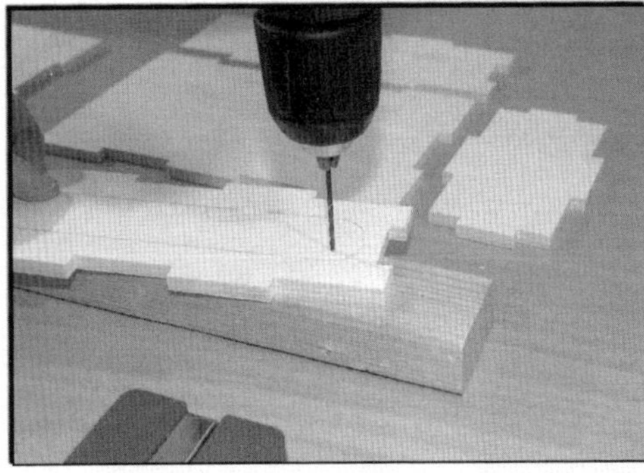

➲ Zum Bohren könnt ihr einen Akkuschrauber oder eine Standbohrmaschine verwenden. Unter das Sperrholz ein Stück Abfallholz zu legen hilft, den Tisch zu schonen und lässt auch die Unterseite des Bohrloches nicht ausreißen. Beim Bohren unbedingt den Arbeitsschutz beachten!

➲ Nachdem die Einzelteile ausgesägt sind, erfolgt die Anpassung der Steckverbindungen. Hierfür werden die Seiten, so wie sie später zusammengebaut werden, hingelegt.

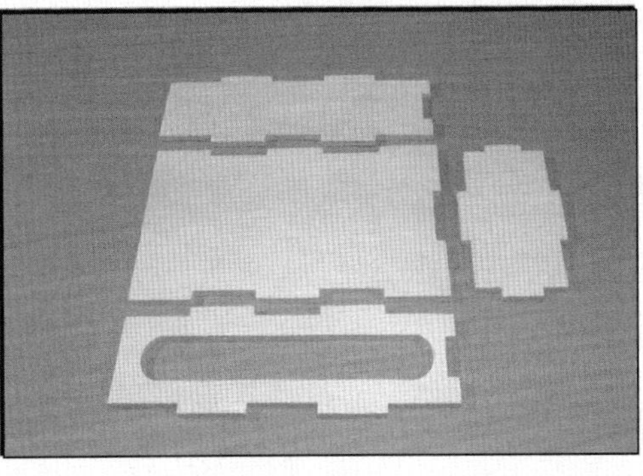

KOHL VERLAG HOLZ – Laubsägearbeiten 7 fertige Unterricchtsideen mit Bildern und Anleitung – Bestell-Nr. 11 689

➲ Durch probeweises Zusammenstecken wird kontrolliert, ob die Ausschnitte zueinander passen. Gegebenenfalls wird mit Schleifpapier nachgearbeitet.

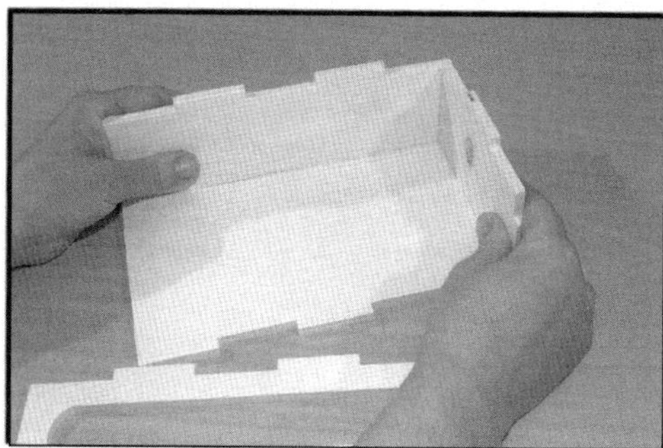

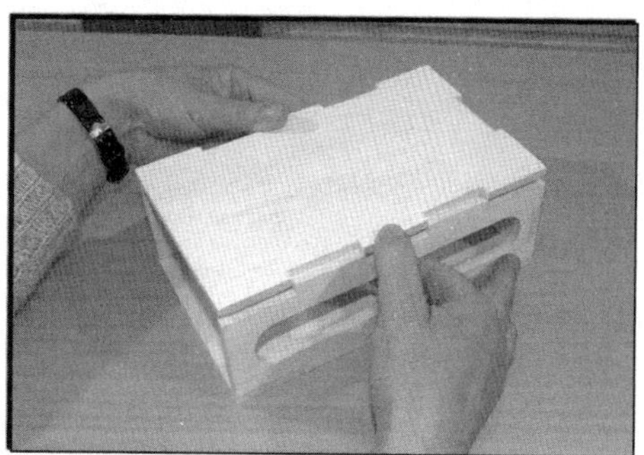

➲ Danach können die Seiten verleimt werden.
Die große Vorderseite wird flach auf den Tisch gelegt, die schmalen Seiten wie auf den Bildern mit Leim versehen und zusammengesteckt.

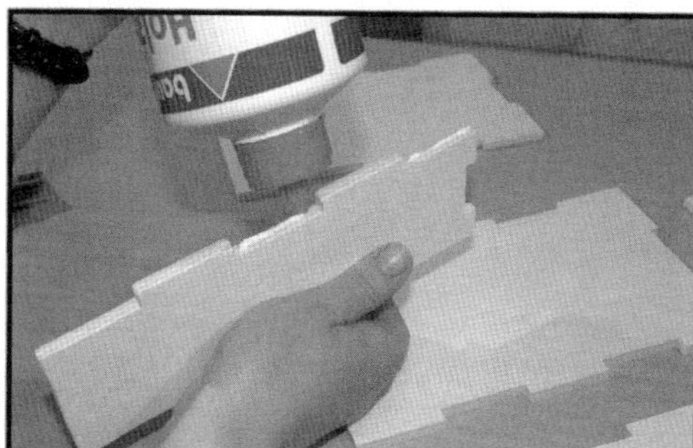

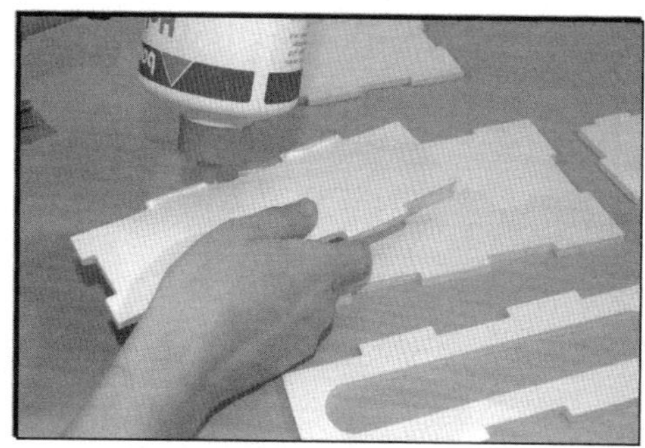

➲ Jetzt ist der Boden dran.

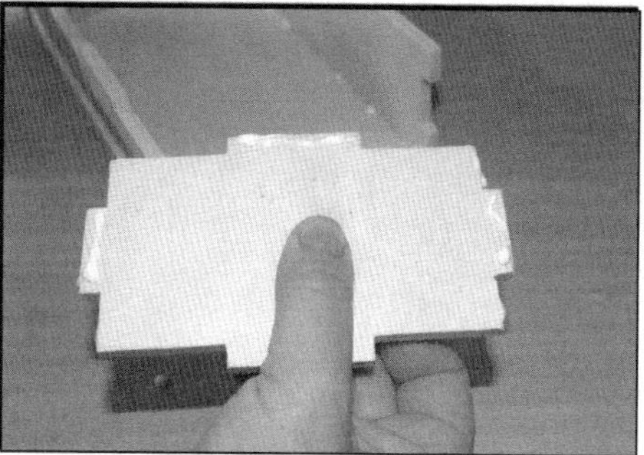

➲ Zum Schluss wird die andere große Seite verleimt.

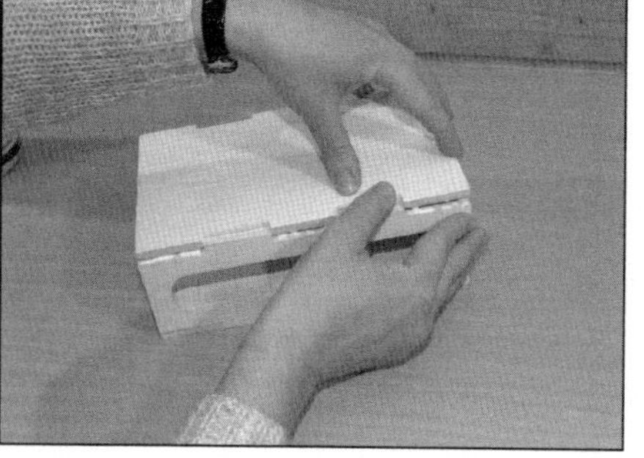

KOHL VERLAG HOLZ – Laubsägearbeiten 7 fertige Unterrichtsideen mit Bildern und Anleitung – Bestell-Nr. 11 689

➲ Damit während des Trocknens nichts verrutscht, sollten die Seitenteile fixiert werden. Dazu eignet sich Malerkreppband hervorragend.

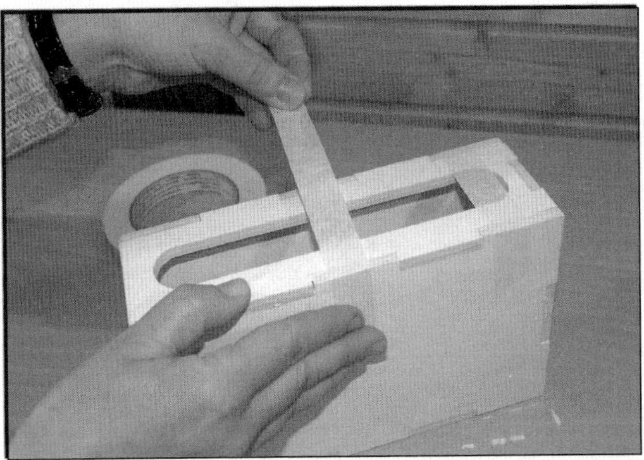

➲ **Achtung:** Auslaufenden Leim sofort von der Box mit Tüchern abtupfen und die Tischplatte abwischen!
Zum Trocknen am besten auf eine Kunststoffunterlage stellen, damit ein Ankleben verhindert wird.

➲ Nach dem Aushärten des Leimes wird das Klebeband entfernt und die Box muss noch ringsum geschliffen werden.

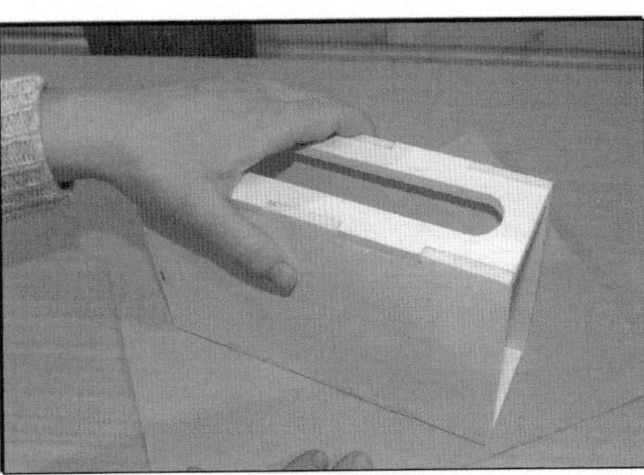

➲ Das kann einmal mit auf dem Tisch aufgelegtem Schleifpapier erfolgen ...

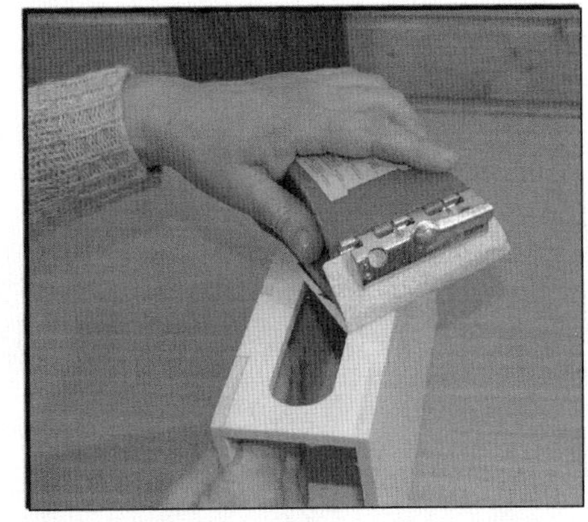

➲ ... oder mit einem handelsüblichen Schleifpapierhalter.

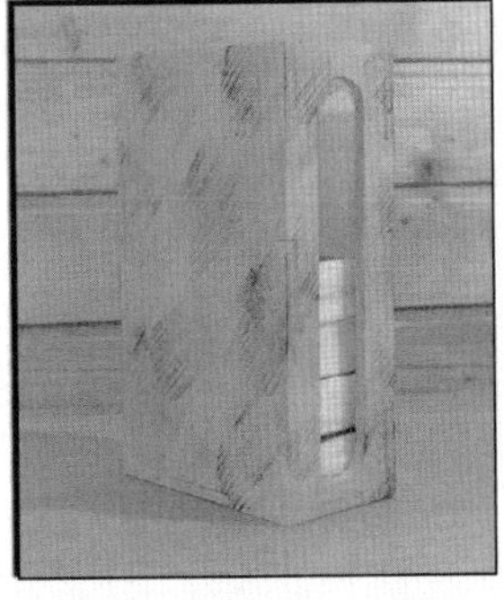

➲ Zum Schluss kommt noch die Gestaltung der Außenseite mit Klarlack oder Acrylfarbe.

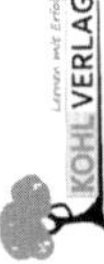

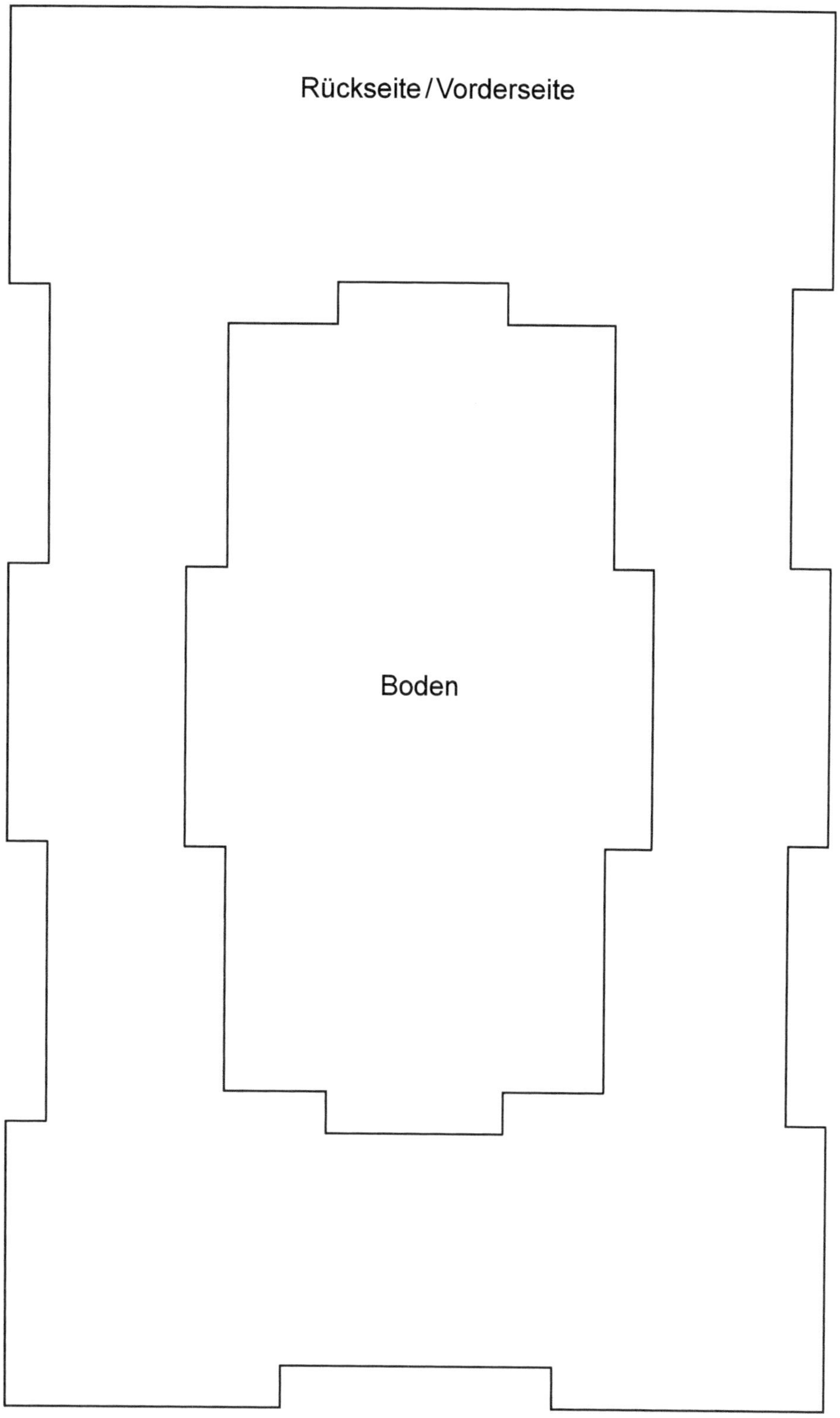

Rückseite / Vorderseite

Boden

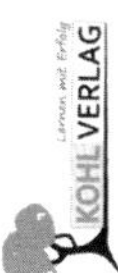

HOLZ – Laubsägearbeiten
7 fertige Unterricchtsideen mit Bildern und Anleitung – Bestell-Nr. 11 689

3 Taschentuchbox

Bauplan

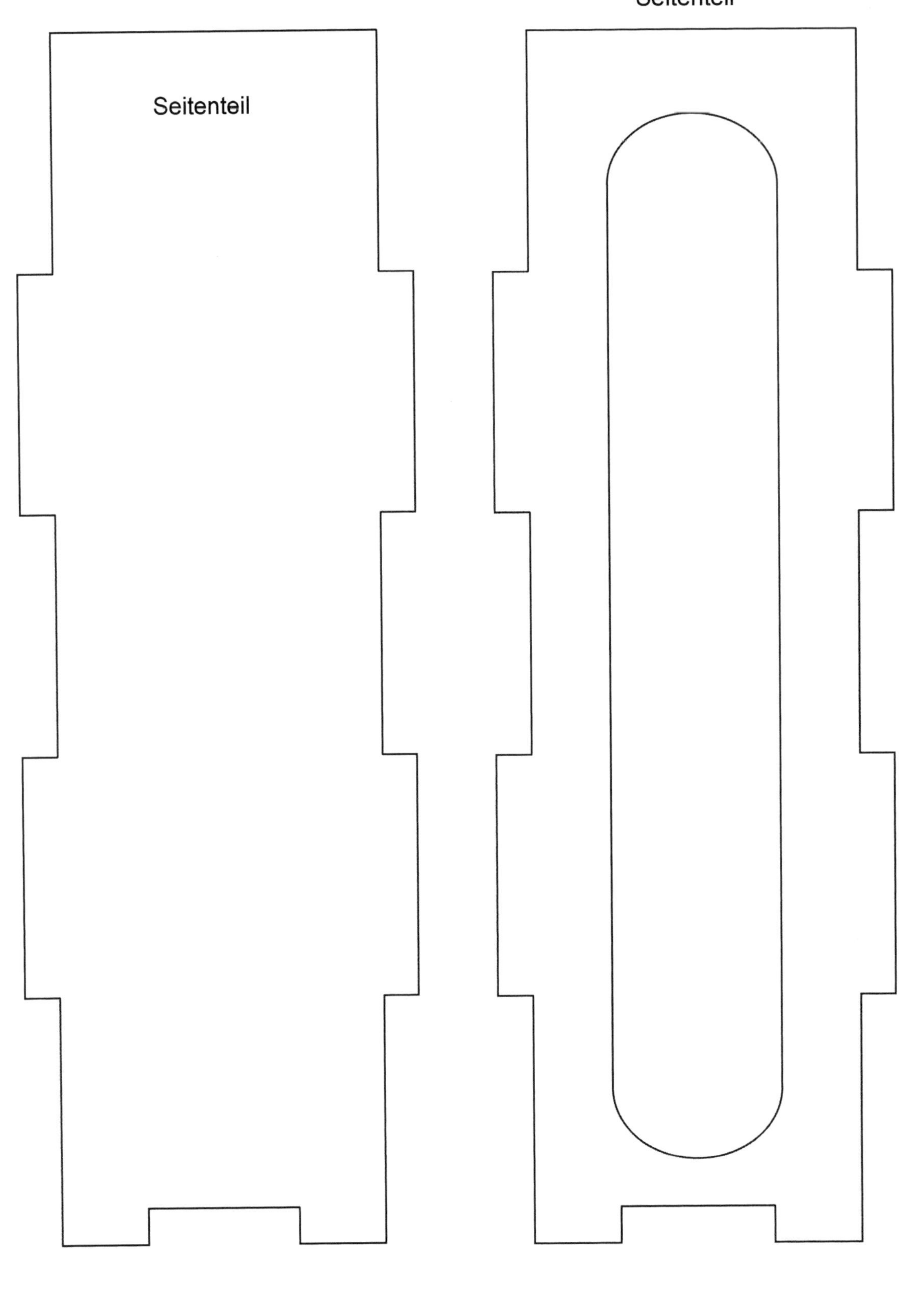

HOLZ – Laubsägearbeiten
7 fertige Unterrichtsideen mit Bildern und Anleitung – Bestell-Nr. 11 689
KOHL VERLAG

4 Teelichthalter

Anleitung

Der Teelichthalter ist für die Verwendung von handelsüblichen Teelichtgläsern konzipiert worden.

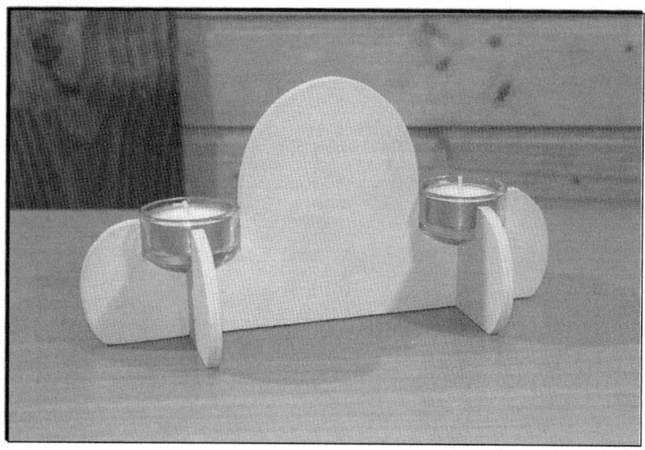

➲ Der Bauplan wird mit Blaupapier auf das Holz übertragen.
Die Füße können auf das gleiche Holzstück aufgezeichnet werden.

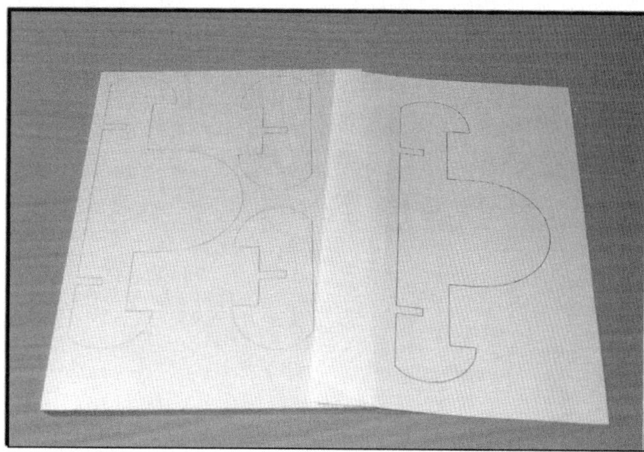

➲ Als zweites erfolgt der Grobschnitt, danach der endgültige Zuschnitt.

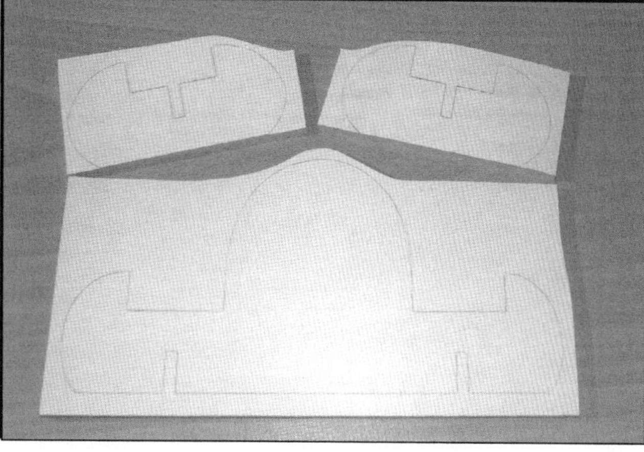

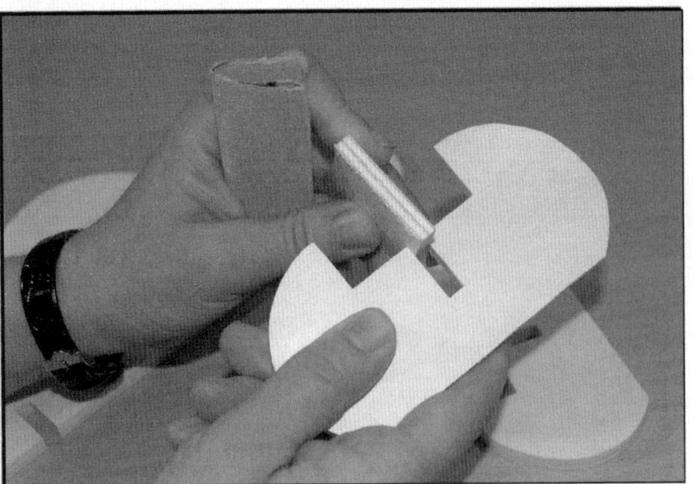

➲ Die Steckschlitze werden mit einem Stück Restholz auf Maßgenauigkeit überprüft und zurechtgeschliffen.

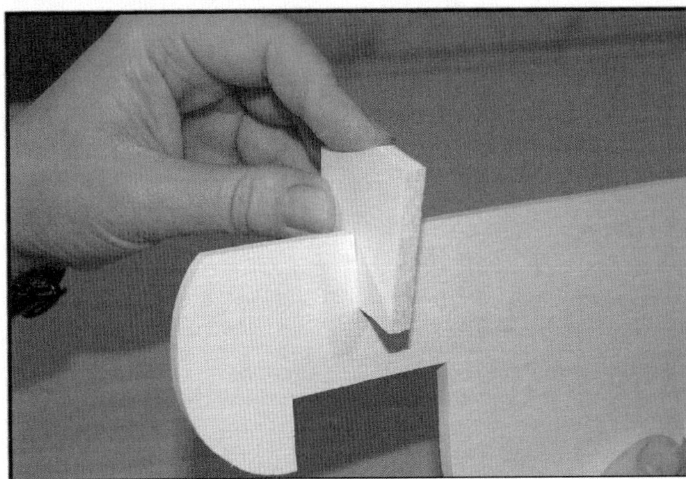

➲ Dann kommt der Oberflächenschliff.

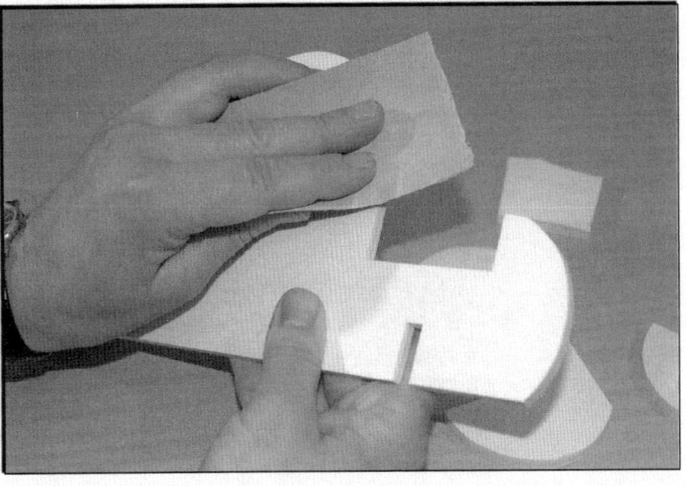

- Jetzt wird der Teelichthalter probeweise zusammengesteckt und das Teelichtglas eingesetzt.

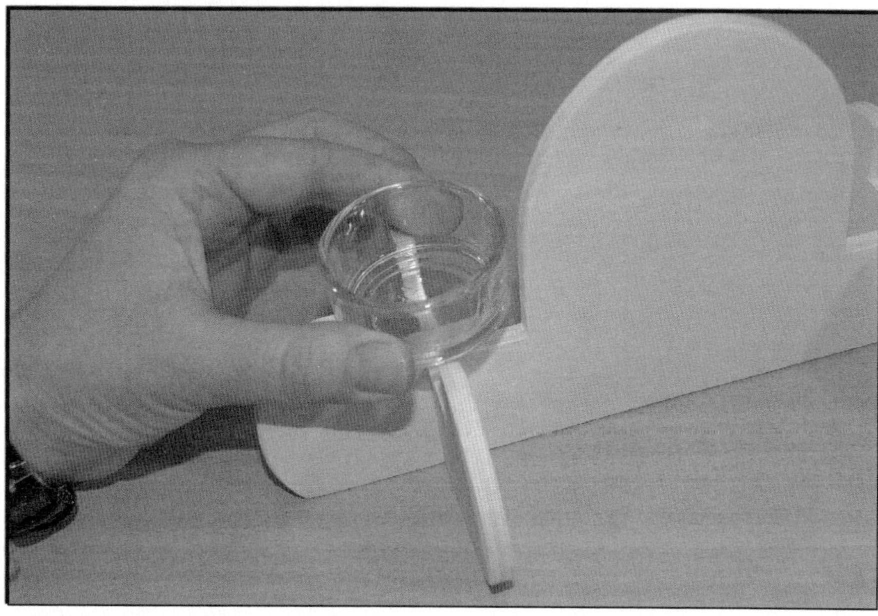

- Wenn das Glas kippelt, sollte der Steckschlitz nachgearbeitet werden, bis es glatt aufliegt.

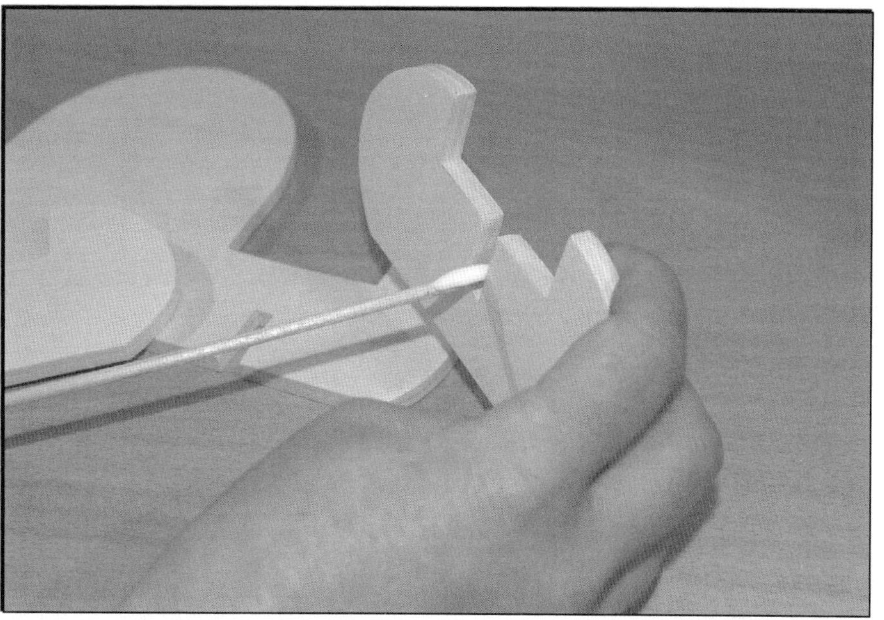

- Zum Kleben den Leim mit Hilfe eines Stäbchens in die Steckschlitze aufbringen und zusammenstecken.

HOLZ – Laubsägearbeiten
7 fertige Unterrichtsideen mit Bildern und Anleitung – Bestell-Nr. 11 689
KOHL VERLAG

➲ Nach dem Trocknen des Leimes wird die Unterseite plangeschliffen, damit der Teelichthalter nicht kippelt. Dazu ein Stück Schleifpapier auf den Tisch legen und den Halter mit kreisenden Bewegungen schleifen.

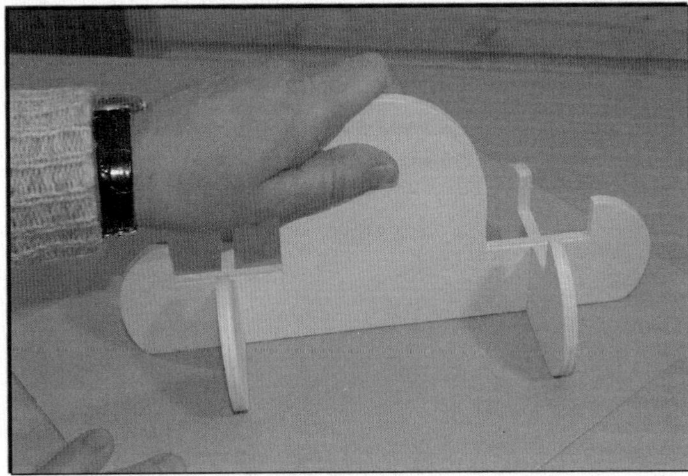

➲ Hier einige Beispiele, wie selbstkonstruierte Teelichthalter aussehen könnten. Bei den Bauplan-Vorlagen befindet sich das Mittelteil ohne die obere Hälfte. An dieser können sich die Schülerinnen und Schüler kreativ austoben. Bei dem mittleren Muster könnte zum Beispiel ein Foto aufgeklebt werden.

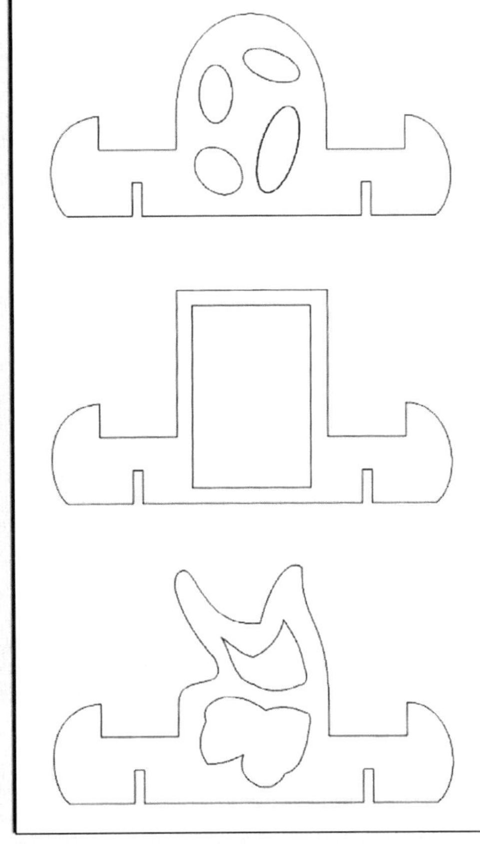

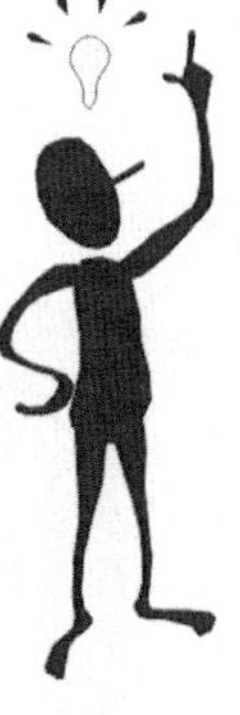

HOLZ – Laubsägearbeiten
7 fertige Unterrichtsideen mit Bildern und Anleitung – Bestell-Nr. 11 689

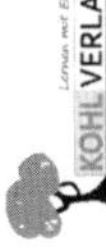

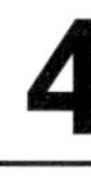

4 Teelichthalter

Bauplan

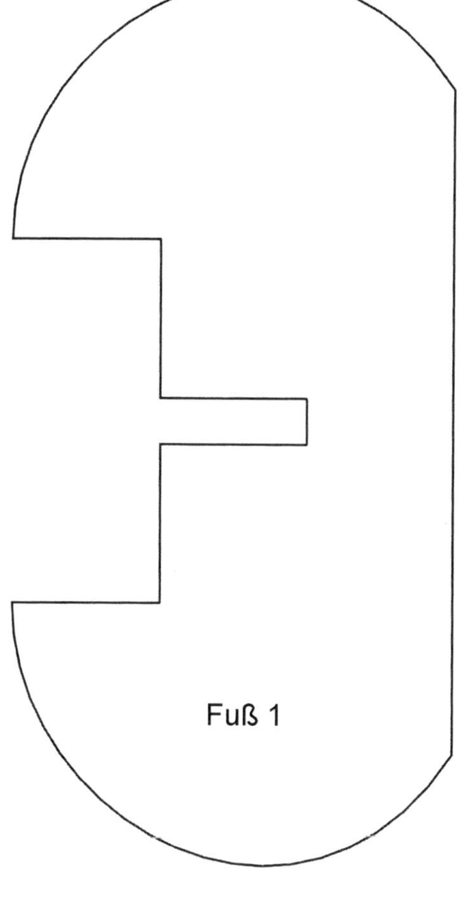

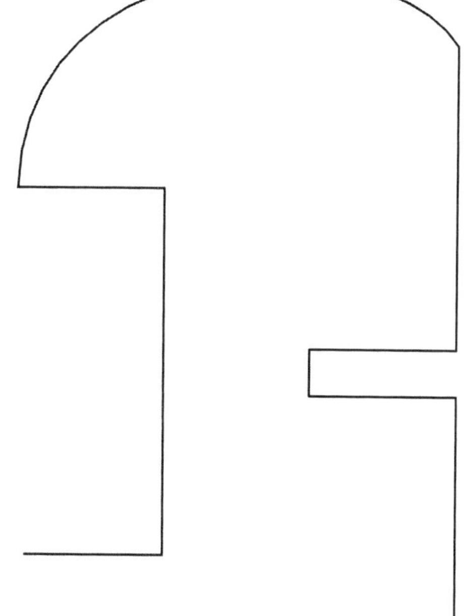

Unterteil zur freien Gestaltung des Mittelteils

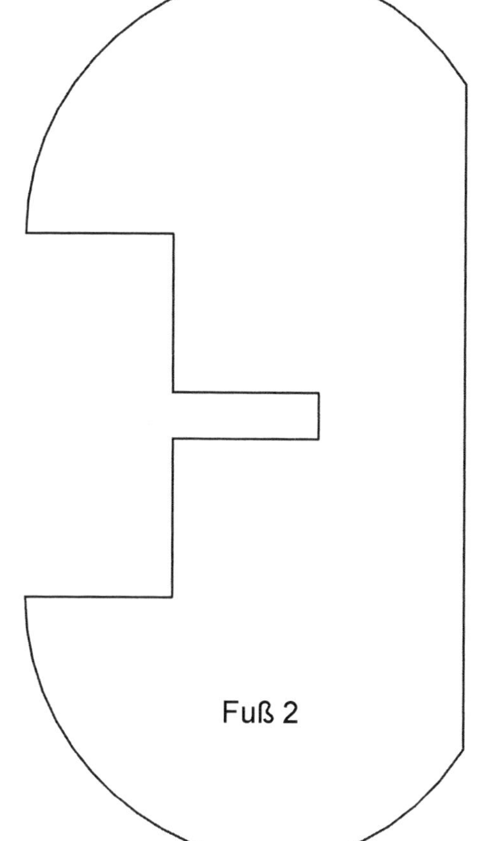

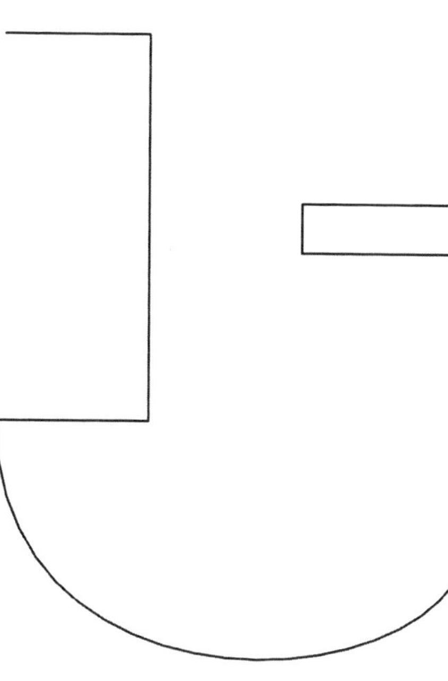

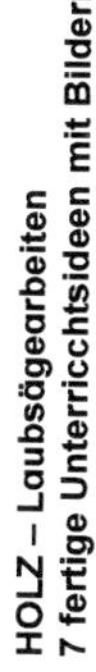

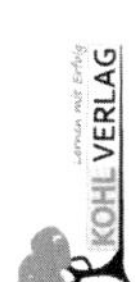

4 Teelichthalter

Bauplan

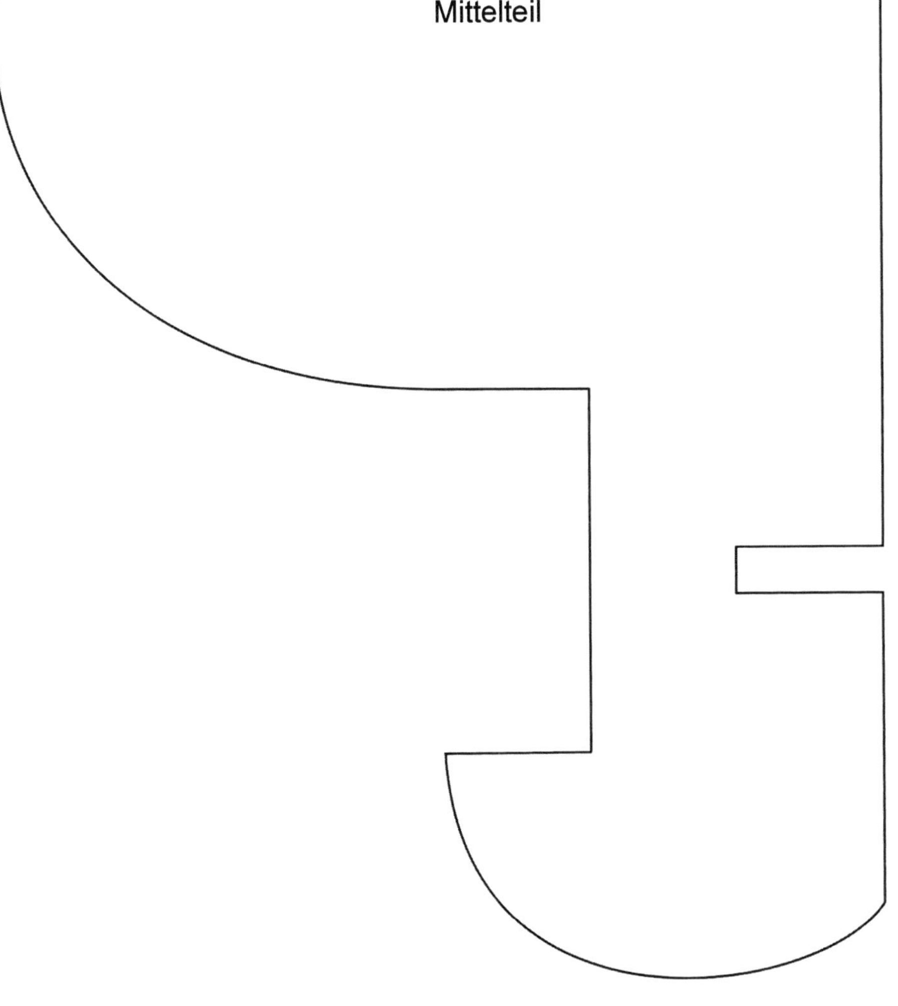

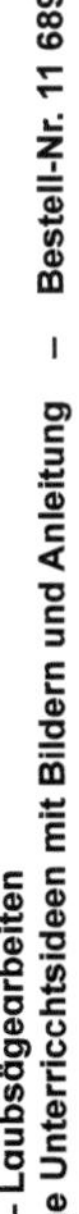

Der hier gebaute Kerzenständer besteht aus zwei Teilen (A und B), die über Kreuz zusammengesteckt werden.

Er ist so entwickelt, dass oben ein Glasteller für Kerzen im Durchmesser von 11 cm eingelegt wird. Damit kann nachher nichts passieren, wenn die Kerze mal tropft.

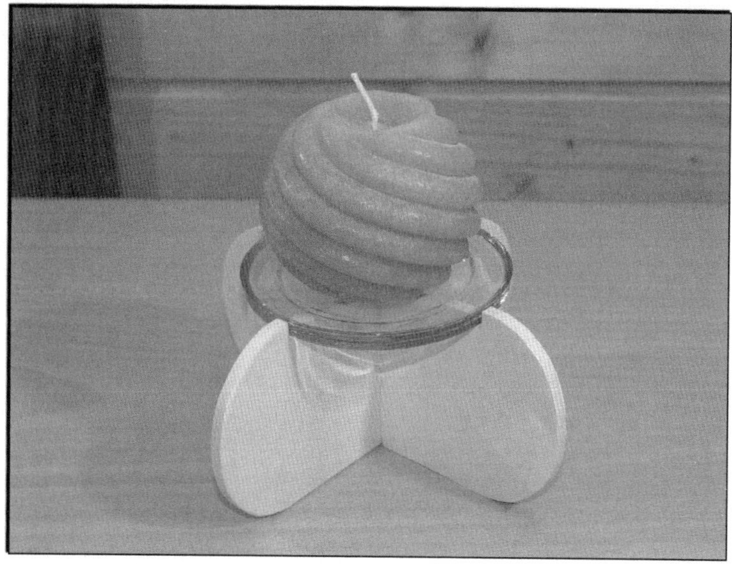

Zwei Muster habe ich als Vorlage gezeichnet, die gleich übernommen werden können. Der Kerzenständer bietet sich aber auch hervorragend als Designobjekt zum Selbstgestalten an.

Als Vorlage gibt es das Mittelteil, das so übernommen werden muss, den Rest können sich die Schülerinnen und Schüler selber zeichnen.

➲ Die kopierten Vorlagen werden mit Hilfe von Blaupapier auf das Sperrholz übertragen.

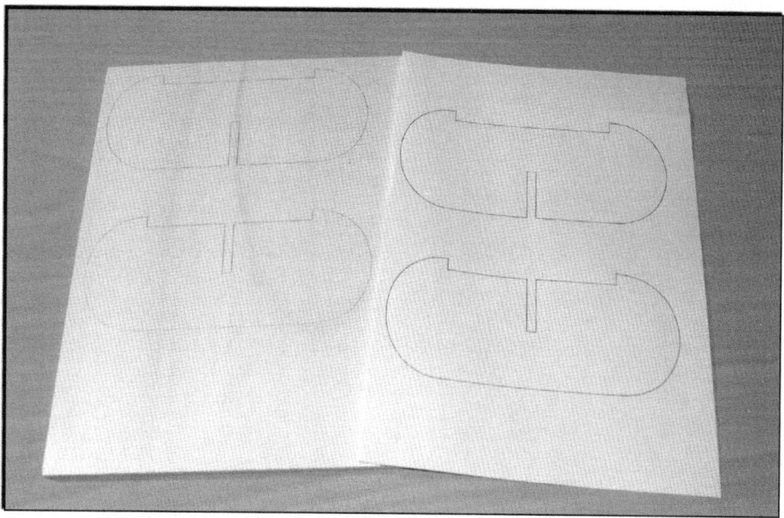

HOLZ – Laubsägearbeiten
7 fertige Unterricchtsideen mit Bildern und Anleitung – Bestell-Nr. 11 689

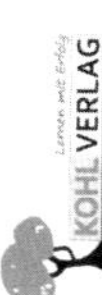

➲ Die zwei Seitenteile erst grob und dann einzeln aussägen.

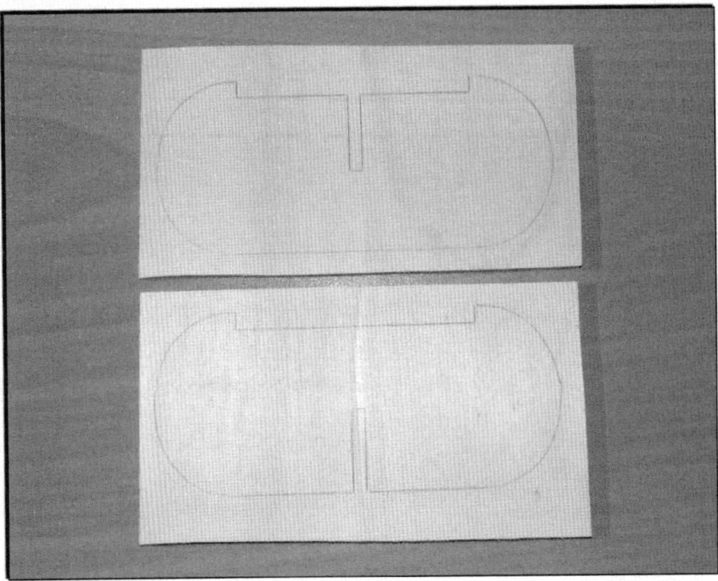

➲ Die Steckschlitze werden als letztes gesägt, auf Maß geprüft und, wenn notwendig, mit Schleifpapier nachgearbeitet.

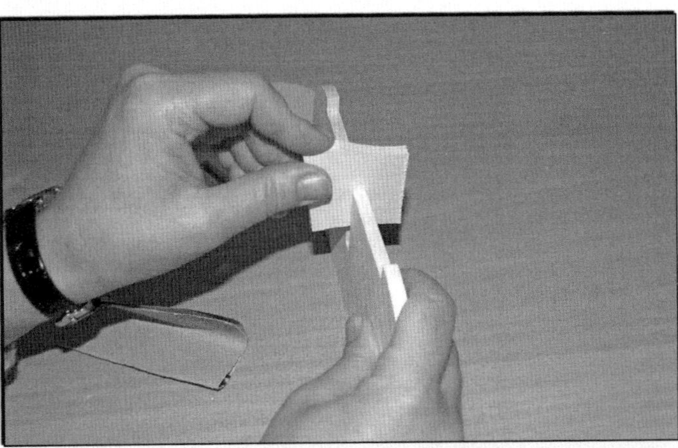

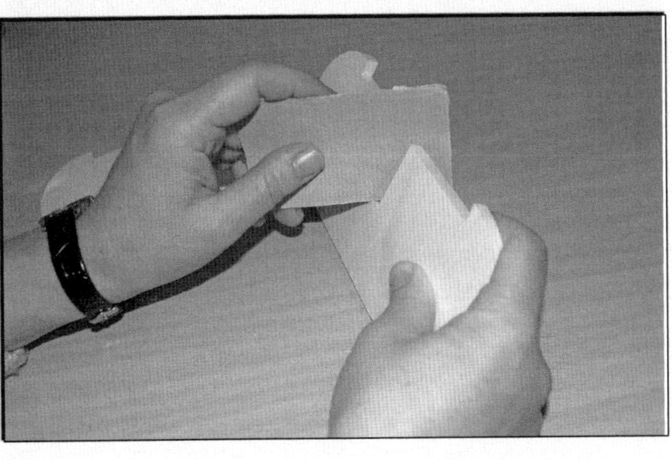

➲ Durch probeweises Zusammenstecken und Auflegen des Glastellers wird kontrolliert, ob die obere Auflagefläche eben genug ist, damit der Glasteller nicht kippelt. Hier dann ebenfalls mit Schleifpapier nacharbeiten.

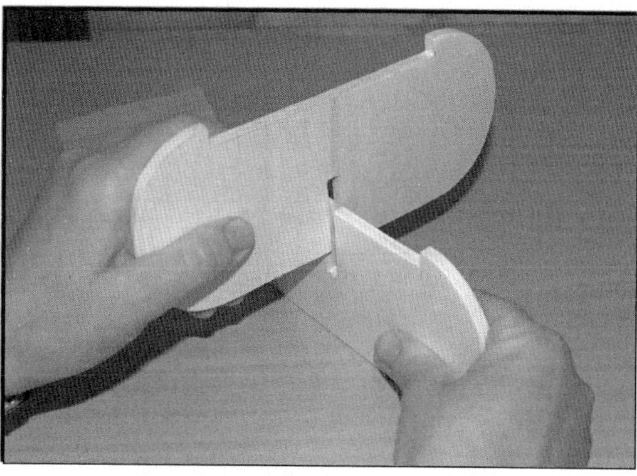

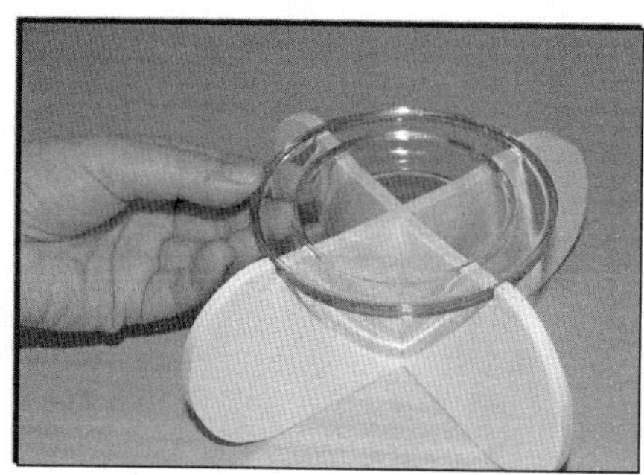

➲ Der Kerzenständer kann zur besseren Standfestigkeit zusammengeleimt werden. Mit einem Stäbchen wird der Leim in die Steckschlitze eingebracht und die zwei Seiten zusammengefügt.

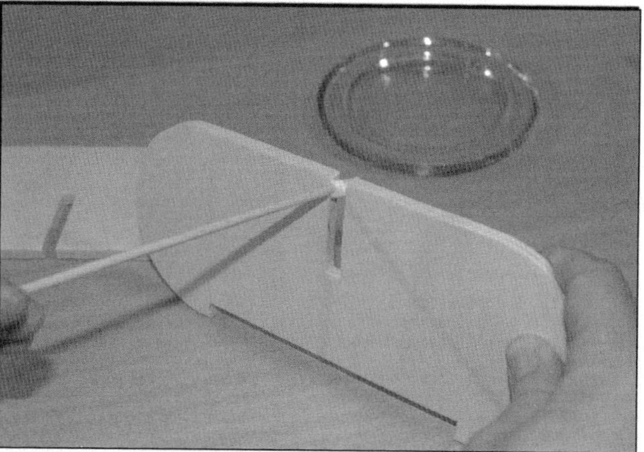

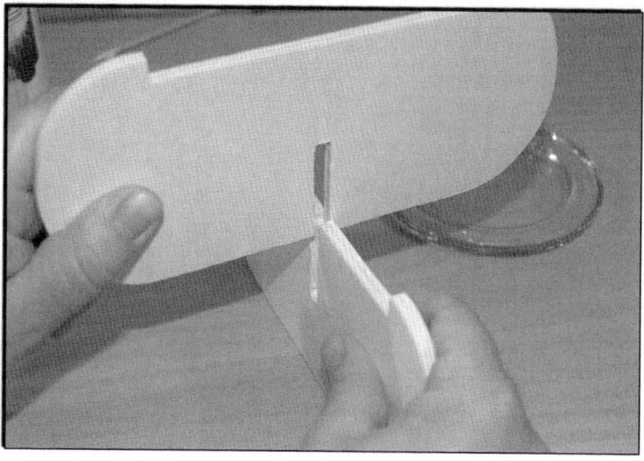

KOHL VERLAG HOLZ – Laubsägearbeiten
7 fertige Unterricchtsideen mit Bildern und Anleitung – Bestell-Nr. 11 689

➲ Die untere Standfläche sollte nach Aushärten des Leimes plangeschliffen werden.

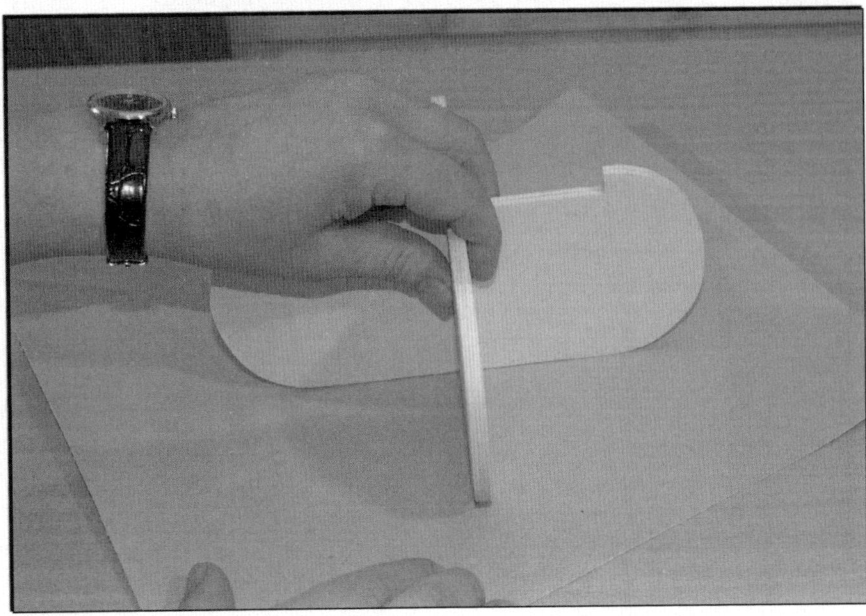

➲ Danach erfolgt die individuelle Oberflächengestaltung.

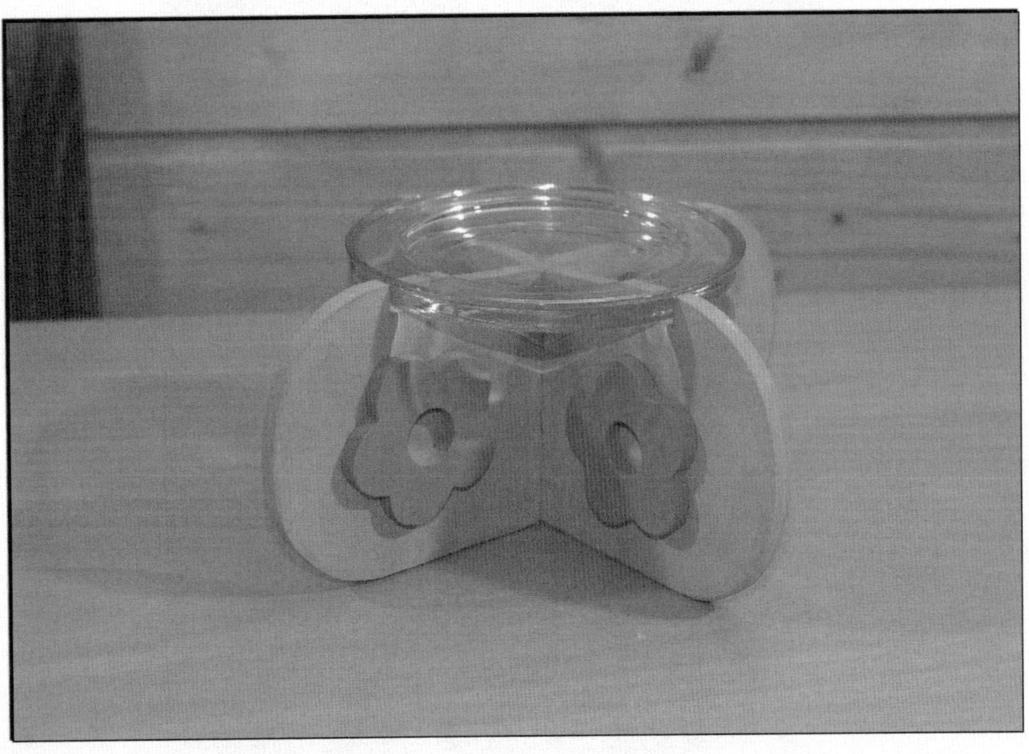

HOLZ – Laubsägearbeiten
7 fertige Unterrichtsideen mit Bildern und Anleitung – Bestell-Nr. 11 689
KOHL VERLAG

➲ Die Muster können als Aussparungen ausgesägt oder aus Resten von Sperrholz ausgesägt und aufgeklebt werden.

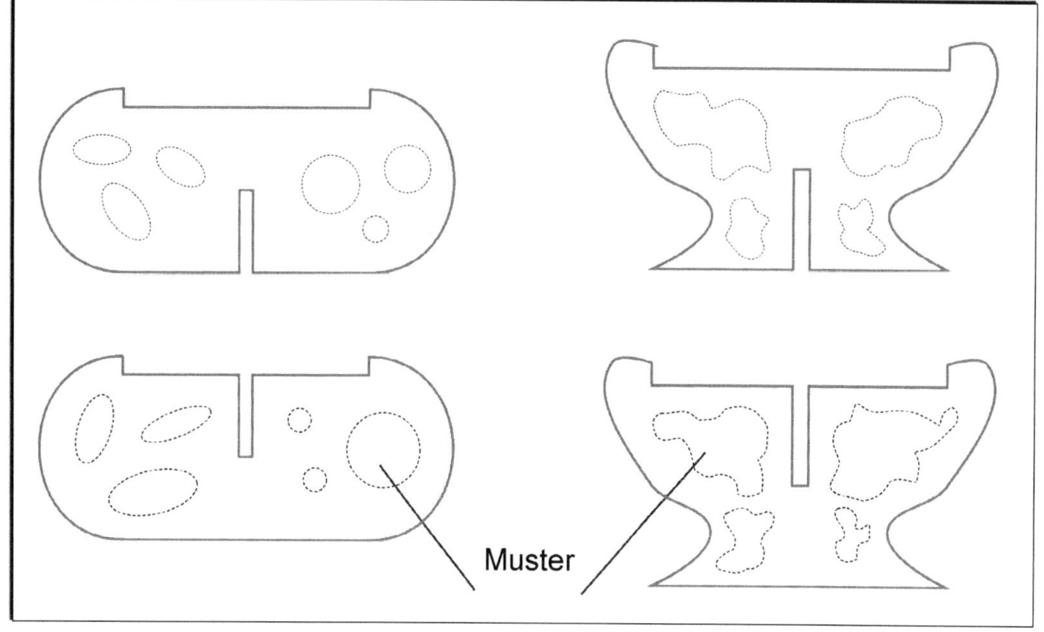

➲ Zum Entwickeln eigener Kreationen werden die blauen (dicken) Linien der Zeichenvorlage übernommen.
Der rote Bereich (gestrichelte Linien) darf nicht mit Aussparungen oder aufgeklebten Mustern versehen werden, da hier die zwei Teile zusammengefügt werden.
Die gestrichelten Linien sind Anregungen, hier können die Schülerinnen und Schüler ihrer Fantasie freien Lauf lassen und sich selbst etwas ausdenken.

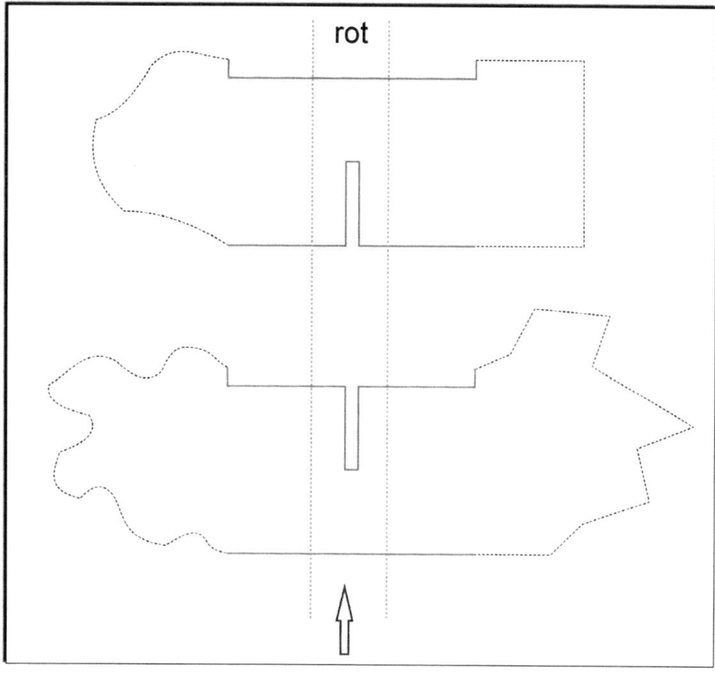

HOLZ – Laubsägearbeiten
7 fertige Unterrichtsideen mit Bildern und Anleitung – Bestell-Nr. 11 689

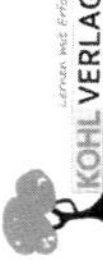

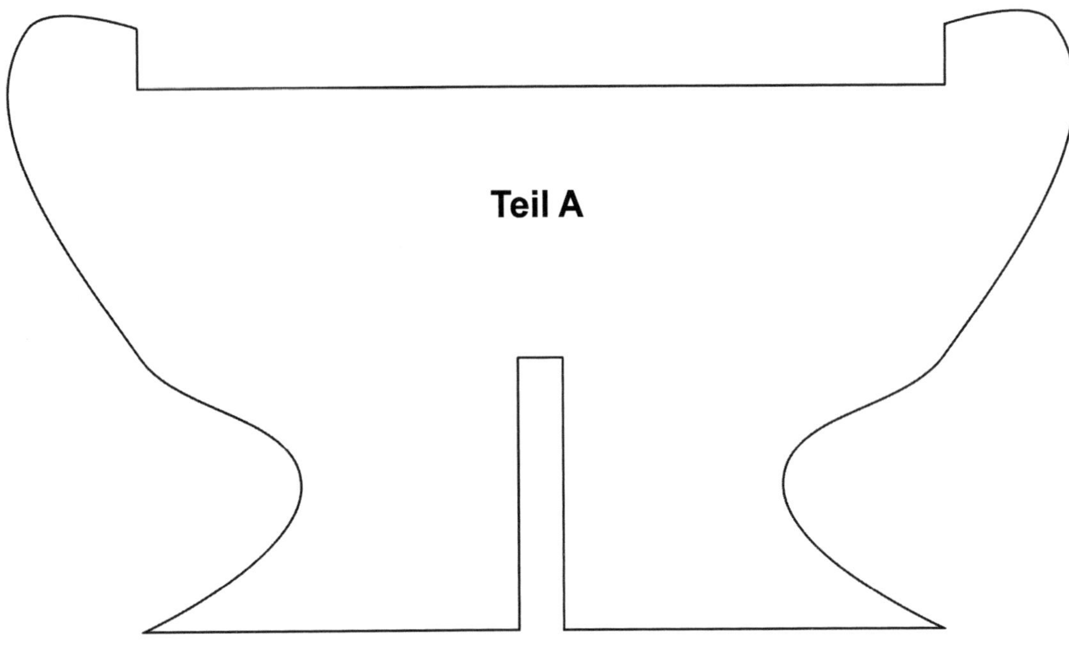
Teil A

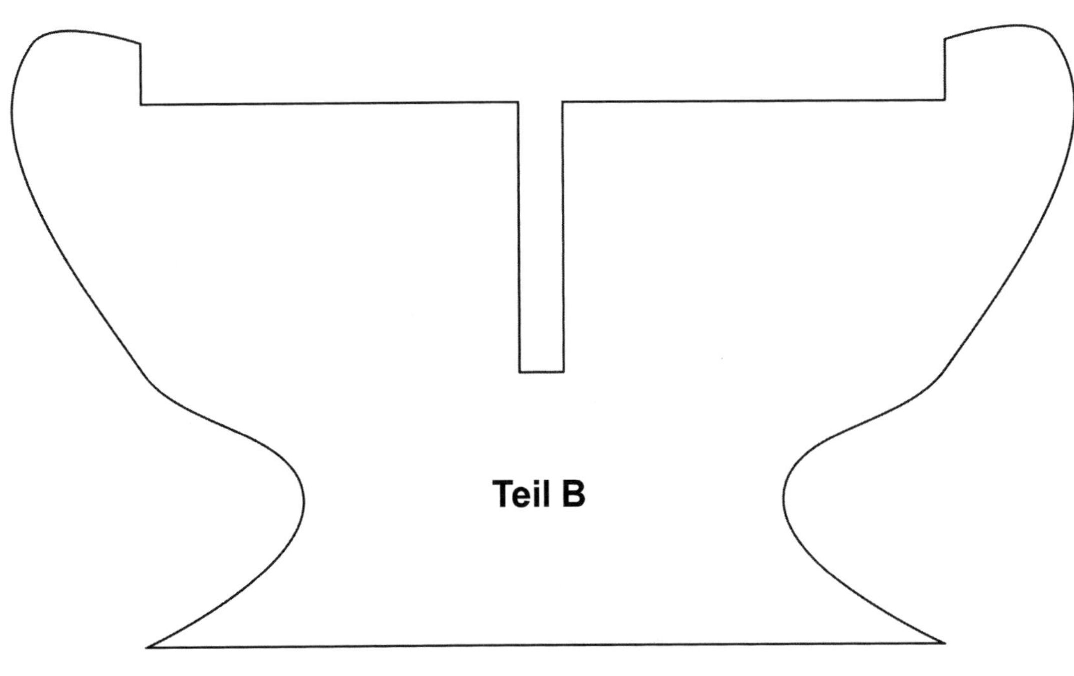
Teil B

5 Kerzenständer

Bauplan

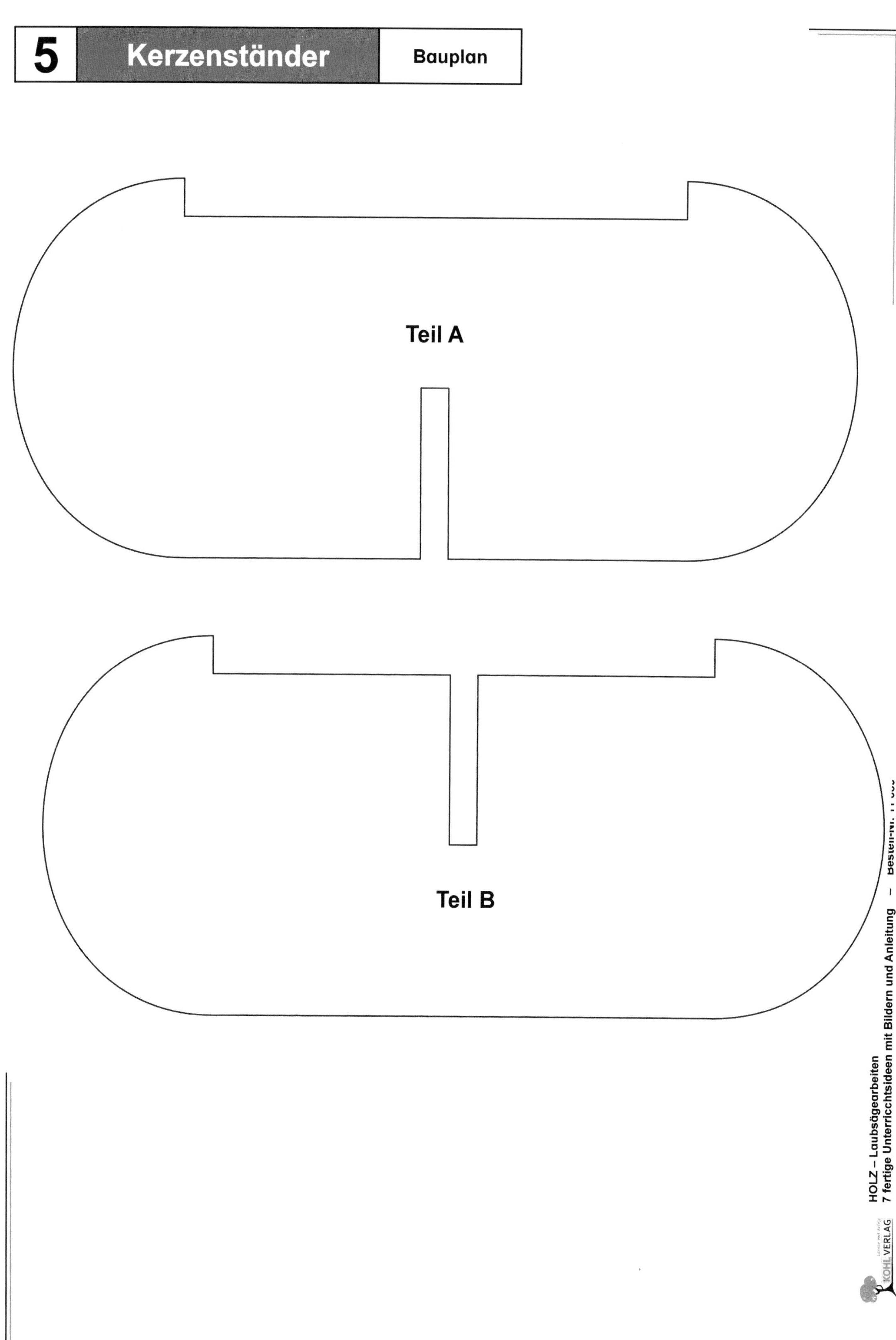

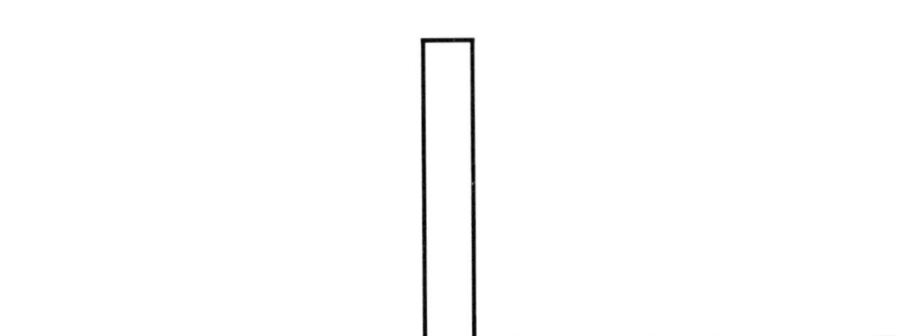

Teil A

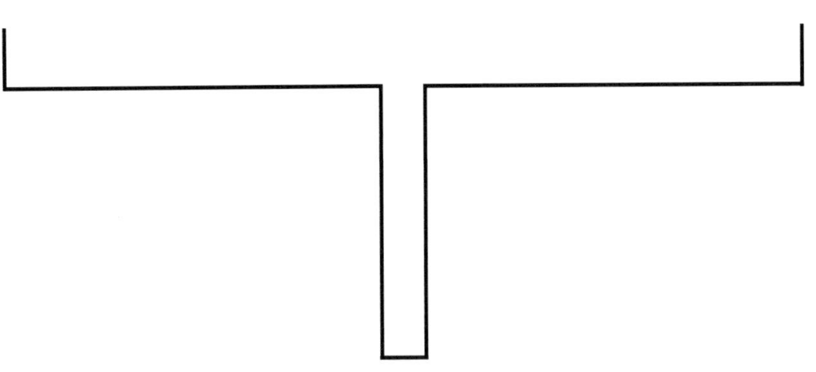

Teil B

KOHL VERLAG HOLZ – Laubsägearbeiten
7 fertige Unterricchtsideen mit Bildern und Anleitung – Bestell-Nr. 11 689

➲ Wenn Deckel und Boden eng aneinander gezeichnet werden, passt eine schmale Seite noch mit auf das Stück Sperrholz.

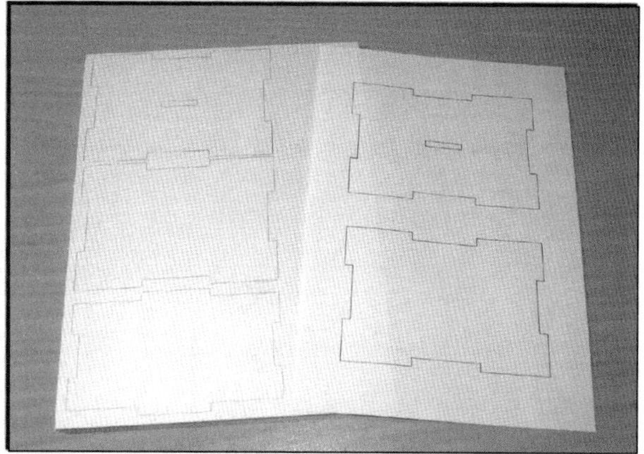

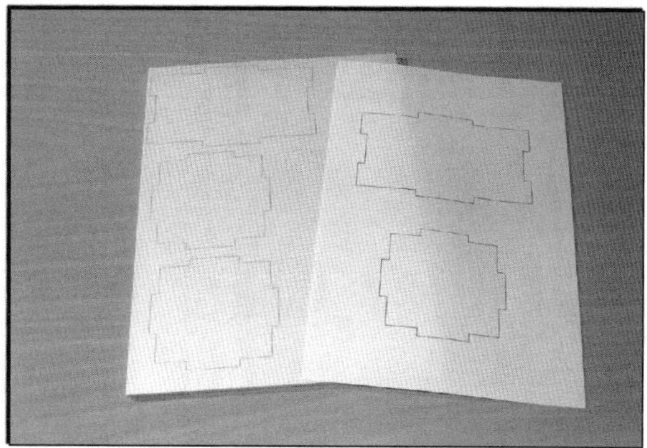

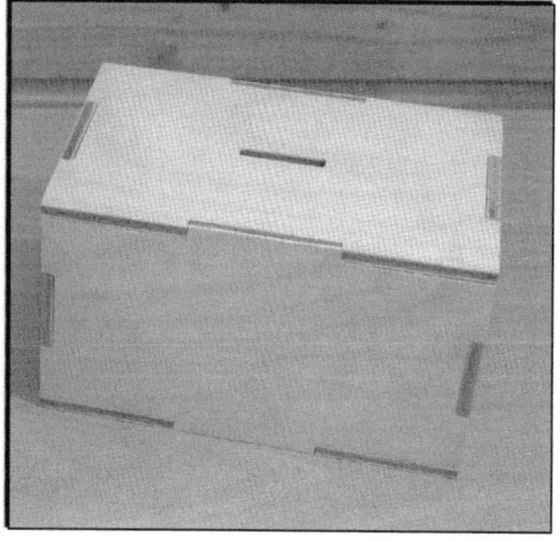

Die fertig gebaute Spardose

➲ Auf das zweite Stück Holz sollten dann die zwei kleinen Seiten und die zweite längere Seite passen.

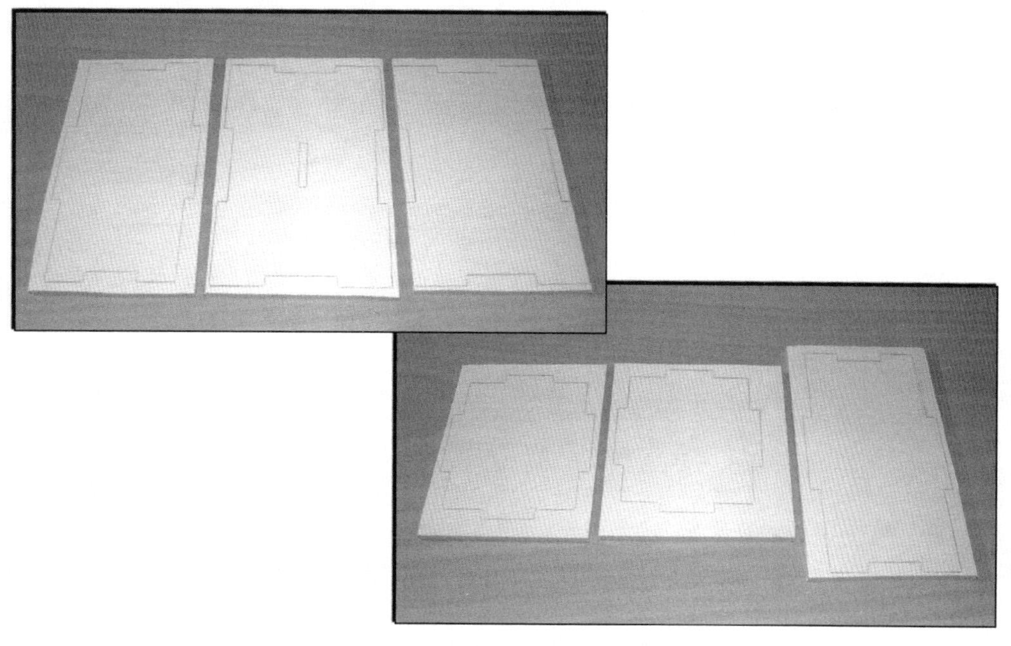

➲ Die ausgesägten Seiten müssen noch abgeschliffen und auf Maßhaltigkeit überprüft werden. Dazu die Teile so auf dem Tisch platzieren, wie sie später geleimt werden.

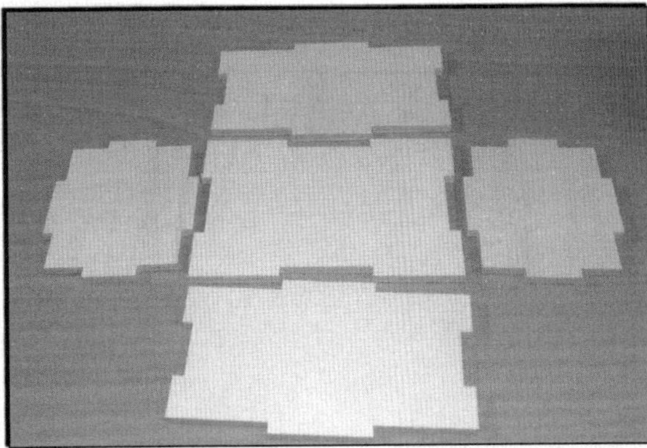

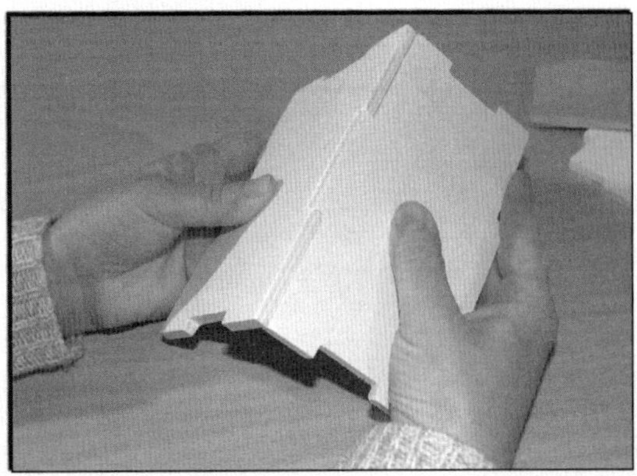

➲ Jetzt jede Seite zusammenstecken und eventuell nacharbeiten. Wieder in die richtige Position ablegen!

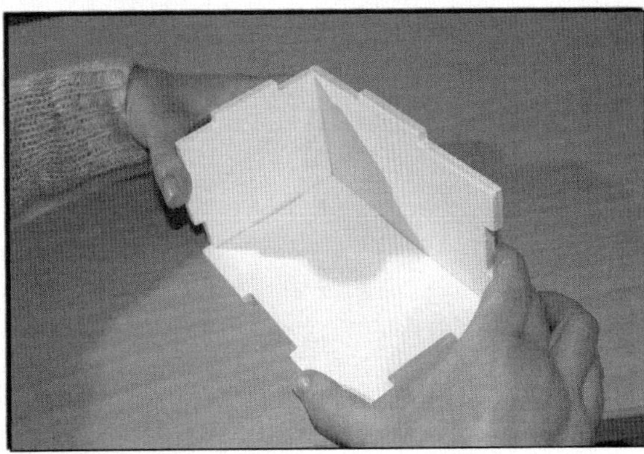

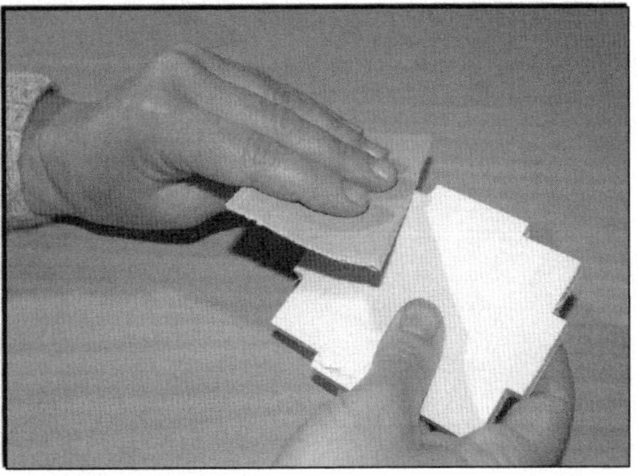

➲ Nun ist das Kleben an der Reihe. Der Boden wird dazu flach auf den Tisch gelegt. Zuerst sind die langen Seiten an der Reihe. Den Kleber wie auf dem Bild auftragen und die Seite auf den Boden stecken.
Achtung: Die obere Kante, wo der Deckel aufsitzt, nicht mit ankleben!

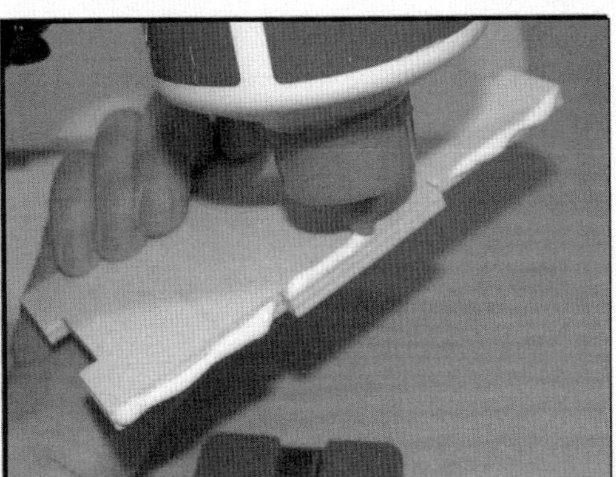

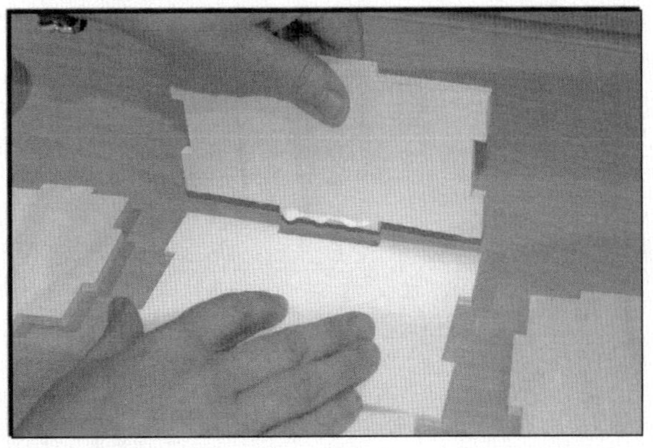

KOHL VERLAG HOLZ – Laubsägearbeiten
7 fertige Unterrichtsideen mit Bildern und Anleitung – Bestell-Nr. 11 689

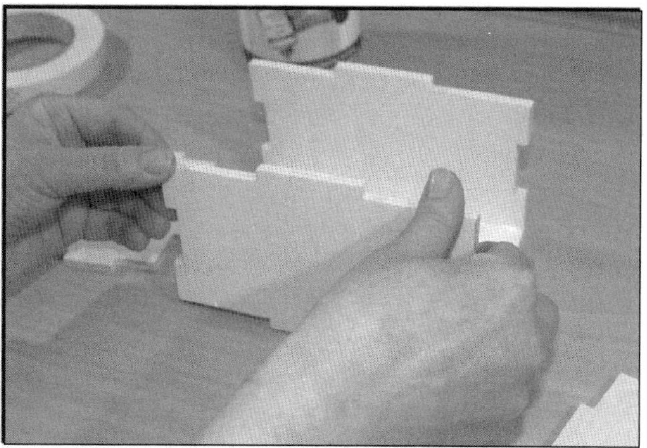

➲ Danach sind die kleinen Seiten dran.

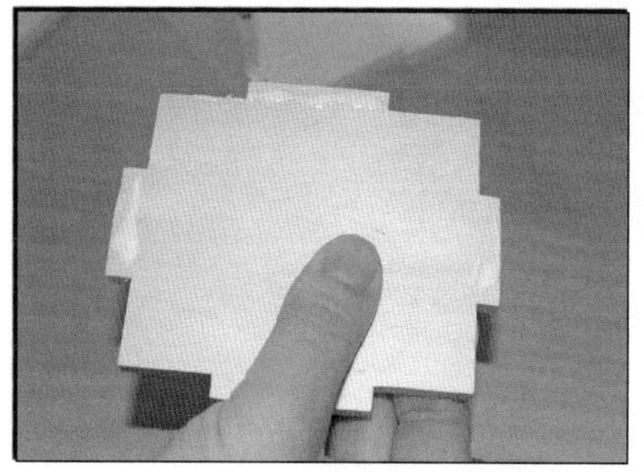

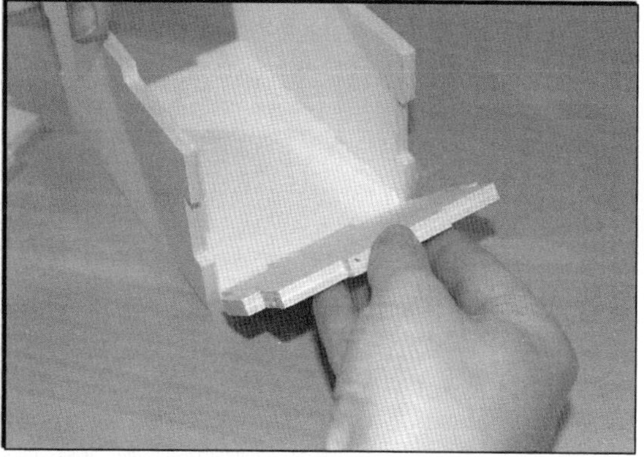

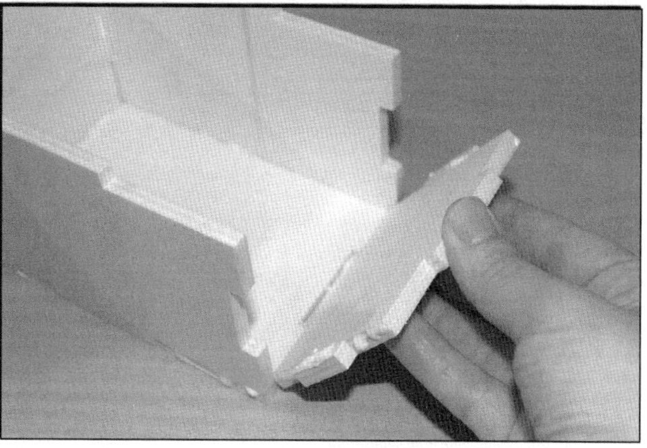

➲ **Vorsicht:**
Ausgetretenen Leim sofort von der Spardose abtupfen und vom Tisch abwischen!

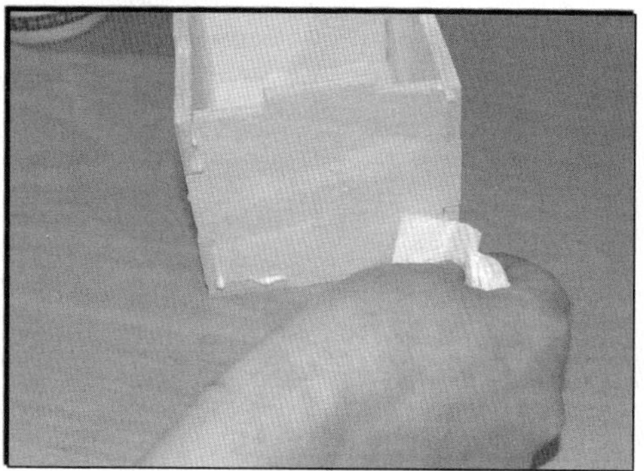

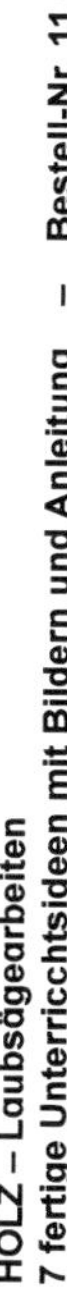

HOLZ – Laubsägearbeiten
7 fertige Unterrichtsideen mit Bildern und Anleitung – Bestell-Nr. 11 689

➲ Zum Schluss den Deckel auflegen und alle Seiten mit Klebeband fixieren. Der Deckel könnte natürlich auch festgeklebt werden, dann wird es jedoch schwierig, an das Ersparte heranzukommen.

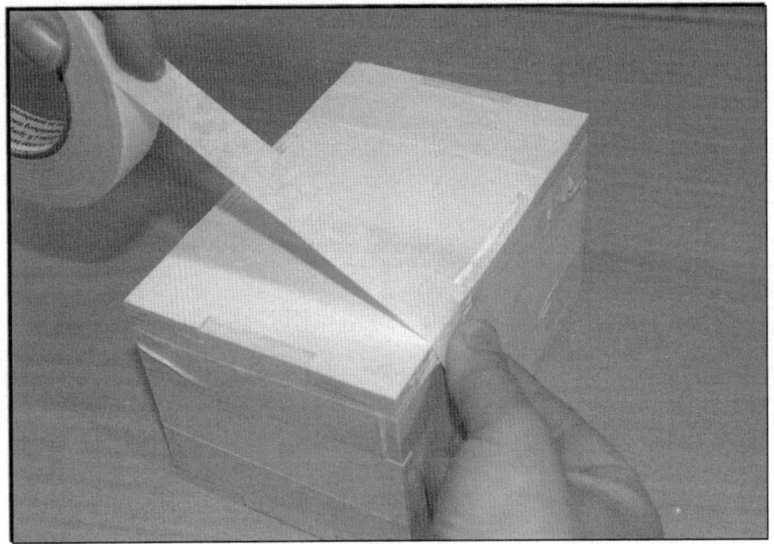

➲ Nach dem Trocknen wieder ringsum abschleifen, lackieren und ggf. bemalen.

➲ Die rechte Spardose ist aus Birkensperrholz und farblos lackiert. Die linke Spardose wurde mit Gesso vorgestrichen. Die Konturen wurden mit wasserfesten Tuschestiften aufgezeichnet, mit Aquarellstiften ausgemalt und mit Pinsel und Wasser vermalt. Zum Schutz sollte dann die Dose mit Sprühlack versiegelt werden. Natürlich können auch wieder Acrylfarben verwendet werden.

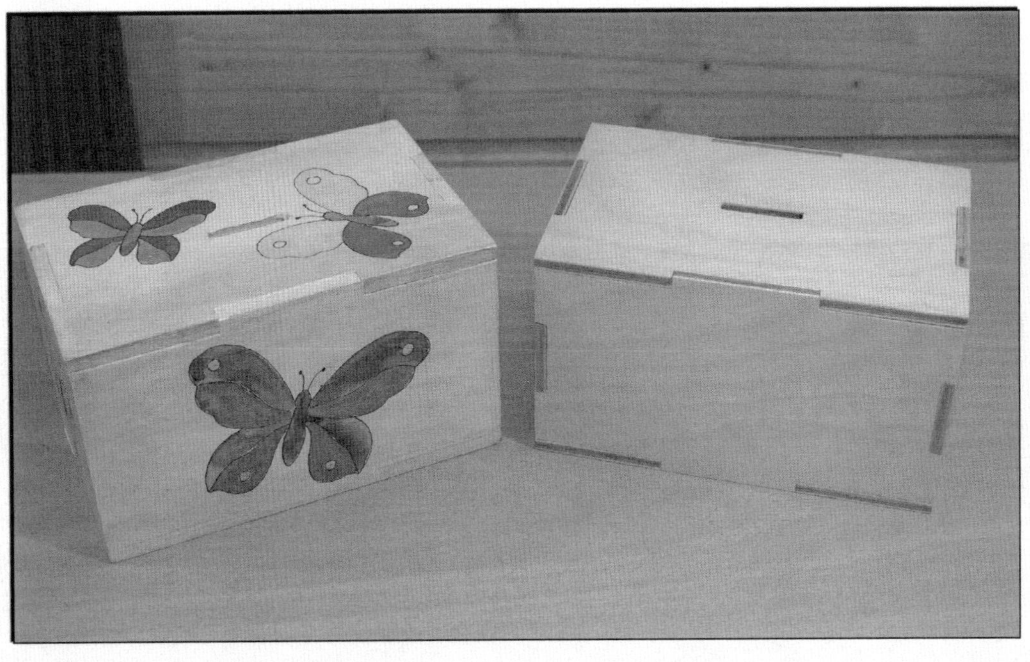

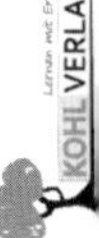

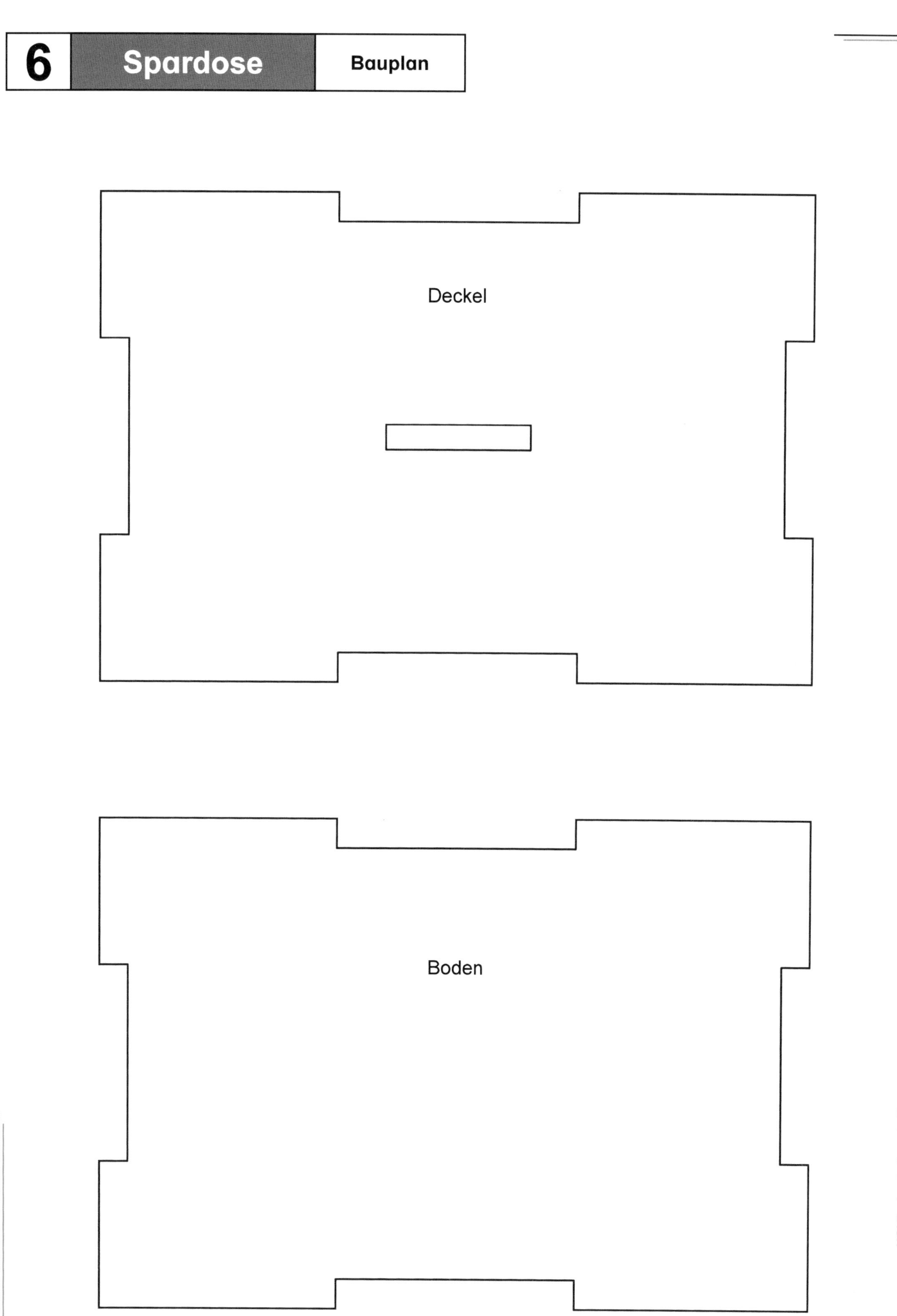
Deckel
Boden

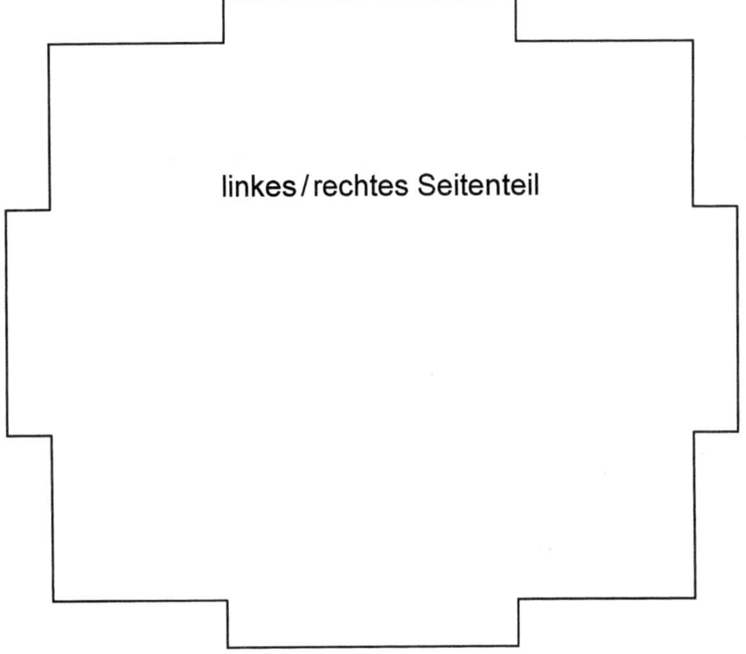
linkes/rechtes Seitenteil

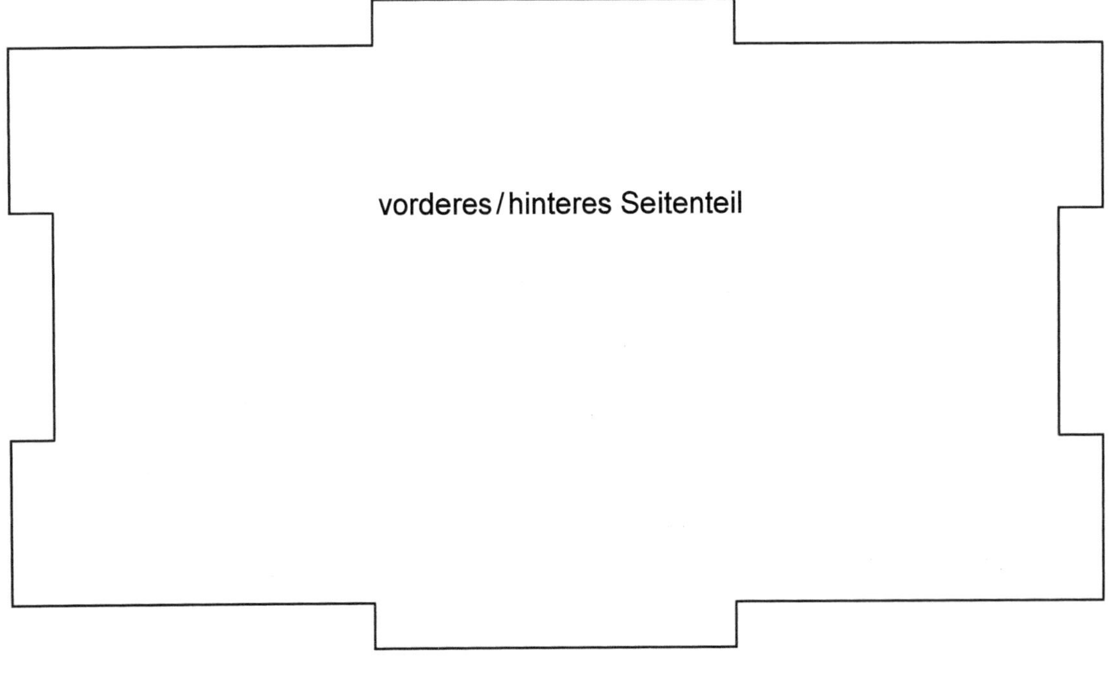
vorderes/hinteres Seitenteil